Anonymus

Kurzer Unterschied zwischen christlicher Lehre

Anonymus

Kurzer Unterschied zwischen christlicher Lehre

ISBN/EAN: 9783742897671

Hergestellt in Europa, USA, Kanada, Australien, Japan

Cover: Foto ©ninafisch / pixelio.de

Manufactured and distributed by brebook publishing software (www.brebook.com)

Anonymus

Kurzer Unterschied zwischen christlicher Lehre

Kurtzer Unterschiedt/

zwischen Christlicher Lehre/ zu der sich die Catholische Kirche oder gemeine Jhesu Christi bekennet/ vnd der lesterlichen Jrthumen/ Greweln vnd Abgöttereyen der Pebstlichen Antichristischen Rotten.

D. Tilemannus
Heßhusius.

Johan. xvij.

Heilige sie Vater in deiner Warheit.
Dein Wort ist die Warheit.

Anno 1586.

Den Ersamen/ Fürsichtigen vnnd Weisen Herrn/ Bürgemeistern Rath vnd gemeiner Bürgerschafft der Stadt Essen vnd Reß/ Meinen günstigen Herrn vnd guten Freunden.

Gottes Gnade durch Jhesum Christum seinē eingebornen Sohn/ vnsern HErrn/ vñ trewen warhafftigen helffer/ sampt erbietung meines willigen dienst/vnd Gebets zu Gott zuvorn.

Ersame Fürsichtige Günstige Herren/ Das in diesem hellen vnd klaren Liecht der offenbarten Göttlichen warheit/so jetzt auff Erden/vnd in Gottes gemeine gewaltig leuchtet/ vnd zu diesen gantz angenemen zeit des HErrn/da

der fromme vnd trewe Gott seine Schatzkammer im Himmel auffgethan/ allerley Himlische güter/ sein selbst ware erkentnis/ gnedige verzeihung der Sünden/ errettung von der gewalt des Todtes/ vnd des Teuffels/ ewige Gerechtigkeit/ newes leben / schenckung des heiligen Geistes/ vnd Erbschafft der ewigen
freuden vnd herrligkeit / miltiglich ohn
allen verdienst/ vnd widergeltung jedermenniglichen anbeut / vnd durch sein
liebes wort lest fürtragen / dennoch der
mehrer theil der Menschen auff Erden/
so sicher vnd Rauchlos lebet/ des Göttlichen worts/ des edlen theuren schatzes/
vnd der angebottenen Gütern so gar
wenig achtet/ alle gedancken vnd begierden nur auff zeitliche narung vnd wolfart dieses lebens richtet: Das auch die
vberfürte Feinde der warheit die Papisten/ jhre vor lengst auß Gottes wort
widerlegte grewel/ Abgötterey/ vnd grobe Irthumen/ nicht allein wider jr eigen
gewissen / sondern auch wider alle vernunfft halsstarriglich verteidigen wöllen
etc. Wie in dem lesterlichen Catechismo
der Jesuiter zu sehen ist eine gewisse anzeigung

zeigung/das nun mehr der herrliche vnd
fröliche tag des HErren/nicht sehr weit
sein muß/sondern in kürtz werde anbre‍
chen.

Denn also hats der Sohn Gottes
Jhesus Christus selbst geweissaget/das
kurtz für seiner Widerkunfft / die lie‍
be zur warheit/Gottes furcht / vnnd
rechter Glaube / so sehr abnemmen
vnnd verkalden werde / das wenn
er in den Wolcken erscheinen wirdt/
kaum/vnd schwerlich / auff Erden wer‍
de Glauben finden. Es ist ja das liebe Luce 18.
Heufflin der rechtgleubigen Christen zu
jeder zeit vnd allwege eng vnd dünne
gewesen/vnd man findet / das auch vor
der zeit/viel verechter Gottes/vnd hals‍
starrige Götzendiener gelebt. Aber wie
zu vnser zeit das vberschwecklliche Liecht
des Euangelij von menniglichen wirdt
verachtet/wie jedermenniglich im Geitz
vnd Bauchsorge ersoffen ist / so schreck‍
lich als jetzt allerley Sünde die vber‍
hand nemen/so leichtfertig als jetzt viel
der jenigen so Gottes wort erkant vnd
angenomen/daruon abweichen/so hals‍
starrig vnd vnsinnig/als jetzt vberzeug‍
A iij te vnd

vñ vberwundene jrthumb/ Abgötterey/ vnd grewel verteidigt werden. Deßgleichen ist nicht erhört / wirdt auch in keinē Historien befunden. Derwegē nicht anders zugedencken/denn wie der fromme vnd getrewe Gott/ die letzte grundtsuppe der Welt / mit dem hellen glantz seiner warheit hat beehren wollen / zum gezeugnis das er sein Kirchlin / vnd vbrigen samen Israel / bis zum ende der Welt / nach seiner zusage habe erhalten : Also wirdt er die erschreckliche vndanckbarkeyt sicherheyt / vnd boßheit der Welt nicht lange dulden können / sondern des heßlichen Reichs der Sünden/welchs zum höchstē gestiegen/ sehr baldt ein ende machen/vnd die tage vmb der außerwelten willen verkürtzen/ Gott helffe ja mit gnaden vnd bald Amen. Denn es sol vnd muß gleichwol auch die Kirche / vnd gemeine Gottes/ so Christum recht bekennet / in diesem schwachen vnd letztē alter der welt bleiben / vnd in dieser argen vnd bösen zeit nicht gantz vntergehen. Deñ Gott außdrücklichen verheisset/ man werde Christum auff Erden fürchten vnd anbeten/

Psal. 72.

so

so lang Son vnd Mondt weren. Vnd 2.Tim.2
Paul: sagt sehr tröstlich/ der feste grund
Gottes bestehet/ vnd hat diesen Siegel/
Gott kennet die seinen. Item/ Christus/
Ich bin bey euch alle tag/ bis ans ende Mat. 18.
der welt. Weil wir denn des aus Gottes
wort versichert/ das auch in dieser argen
zeit/ da der grosse hauffe die Seligkeit
sicherlich verachtet/ die Tyrannen vnd
Ketzer mit grosser gewalt wüten vnd to-
ben/ sehr viel das bekentnis der warheit
fallen lassen/ vnd die liebe in vielen ver-
kaltet/ dennoch Gottes volck/ weichs
recht gleubet/ vnd vom heiligen Geist
regieret wirdt/ sol vnd muß bleiben:
So müssen wir Diener Christi/ nicht
matt noch mühde werden/ als were
vnsere arbeit vergebens/ auch sol das
vbrige kleine heufflin/ das seine seligkeit
dem zeitlichen gern wolt fürsetzen/ mit
nichten verzagen/ als hette Gott sein
Volck vbergeben/ sondern viel mehr
also gedencken/ je weniger beere oben
im wipffen des ölebaums gefunden wer- Jesa.17.
den/ je fleissiger sie der Ackerman ab-
lieset/ vnd verwahret/ das sie nicht vmb-
kommen.

A iiij   Als

Als ich dann berichtet/wie der trewe
vnd fromme Gott vom Himmel/vnter
Ewre Erbare weißheit/ vnd jrer Bür-
gerschafft so viel liechts vnd erkentnis
angezündet/das jhr nach der heilsamen
vnd Seligmachenden warheit dürstig
sein sollet/ vnd embsig zu Gott seufftzen
vñ bitten/das Ewre gemeine der Pebstlichen grewel erledigt/mit reiner vnuer-
felschter Predigt Göttliches worts/vnd
Christlicher reichung der Hochwirdigen
Sacrament möchtet von Gott begna-
det vnd versorget werden/ Dancke ich
neben andern Gliedern des leibs Christi meinem Gott von hertzen für euch/
das jhr so nahe zum Reich Christi kommen seidt/ vnd liebe vnd durst zur war-
heit/ ohn zweiffel durch wirckung des
heiligen Geistes gewunnen. Vnd damit ich E. E. vnd L. in ewrem thurst
ein liebes reines trüncklin aus dē Kelch
des HErrn einschencke/ hab ich diß
Büchlin/darin ich kürtzlich den vnter-
schiedt zwischen Christlicher heilsamer
lehr des Euangelij/ vnd der Römischen
Antichristischen grewel/ Abgöttereien/
vnd Gotteslesterungen/ mit ablehnung
etlicher

etlicher Pebstlichen vngründe / vnd dagegen anzeigung / der klaren zeugnis der heiligen Schrifft / auff welchem vnser bekandtnis / vnd Glaube sich setzet / vnd ruget / verfasset / E. E. zuschreiben / vnd dediciern wollen / in hoffnung / E. E. werden daraus vernemen / wie wir so gantz hohe / wichtige / vnd notdringende vrsachen haben / vns von der Pebstlichen Römischē Antichristischen Rotten abzusondern / angesehen / wie die Pebstlichen / die höhesten vnd wichtigsten Articulen vnsers Glaubens verfelschen / öffentliche / Heidnische Abgötterey treiben / den gantzen grundt vnser Seligkeit gar hinweg reissen / den Sohn Gottes in der verdampte Opffermesse auffs grewlichste lestern / die bedrengte gewissen in verzweiffelung füren / vnd darin stecken lassen / vnd den weg zur ewigen Seligkeit jnen selbst / vnd andern verbauwen.

Ich habe mir zwar nicht fürgenommen / die hohe vnd herrliche Artickel / in diesem kleinen Büchlin / nach der lenge zu erkleren / sondern nur kürtzlich anzuzeigen / in welchen Puncten wir Chri-

A v sten

sten mit den Papisten vneins / vnd welche hohe noth dazu dringet / das man sich von der Pebstlichen Synagoga absondere / vnd nach grund der warheit forsche.

Hab mir derwegen genügen lassen/ einen jedern Artickel vnsers Glaubens auffs kürtzste vnd einfeltigste gesetzt/ mit zweyen / oder dreyen zeugnissen der Schrifft zu bekrefftigen. Wenn es aber die noth oder gelegenheit fodert / möchten durch Gottes gnade mehr zeugnis gefürt/vnd die hohe Artickel weitleufftiger erklert vnd außgefürt werden.

Ich kan es aber allhie nicht wol vmbgehen / ich muß aus Treuhertziger wolmeinung / vnd Christlicher lieben pflicht E.E.hiebey eine kleine erinnerung vnd vermahnung geben. Das sich E.E. fleissig vnd wol fürsehen wolten / in diesen geschwinden vnd gefehrlichen zeyten / da die Irthumen die Welt krefftiglich verfüren. Denn je heller vnd klarer die Sonne des Euangelij glentzet vnd scheinet./ je hefftiger sich der Feindt vnser Seligkeyt vnterstehet/ allerley Vngewitter / Nebel

bel vnd Wolcken der Lügen zu erregen/ die Sonne zu beziehen. Darumb zu gleich mit wachens betens/ vnd fleissig auffmerckens von nöthen/ vnd des vmb so viel desto mehr bey E. E. weil dieselbe noch nicht zum besten gegründet/ auch des öffentlichen Predigampts bis hieher noch zum theil entrathen. Denn wie es einem Wanderer gehet/ wenn er matt vnd dürstig ist/ vnd sich nicht enthelt/ bis er zum reinen Brunnen kömpt/ sondern zum nehesten Wasser baldt zuplatzet sich des Thursts zu leschen/ vnd also sich mancher vmb sein Gesundheit vnd Leben bringet: Also widerferts auch mannichem einfaltigem Hertzen/ die den Pebstlichen greuweln/ vnd Abgöttereyen gern entlauffen wollen/ vnd auch zu faulen bechen der Widerteufferischen/ Caluinischen oder dergleichen Rottengeister Schwermerey gerathen/ weil sie vnbesonnen vnd ohne vorsicht daraus begirig Trincken/ feilen sie nicht allein des lebendigen Wassers/ sondern verderben ihre selbst Seligkeyt/ vnd ewige wolfart.

Darumb

Darumb E. E. mit grossem ernst acht darauff geben wollen / welchen Geistern zu gleuben sey / vnd wer Gottes wort rein vnd vnuerfelscht fürtrage. Wiewol nu mancherley Schwermer vnd Verfürer vmb her schleichen / vnd das arme Niederdeutschlandt vbel geplagt ist / mit Widerteuffern / Libertinern / Schwenckfeldisten / Dauidisten / Menmonisten / vnd dergleichen / vnd die noth fodert / das man sich für allen fürsehe / Jedoch lest es sich bey mir ansehē / das in diesen örtern / diese zwo Secten der Kirchen den grösten schaden thun / vnd derwegen E. L. zu fliehen sind.

Fürs erste sind die arglistige losen Achseltreger / die mit allen Winden siegeln können / er kom gleich aus Süden / oder Norden / das sindt die Tropffen / die allerley Religion loben vn̄ billichen / sind sie bey Papisten / so halten sie es mit jnen / vnd loben jhre grewel / Sind sie bey Caluinisten / so schwermen sie jmmer mit / sind sie bey Euangelischen vnd waren Christen / so weiß niemandt besser vom Euangelio zu reden denn sie / würdens auch ohne zweiffel mit dem Türckischen

ckischen Alcoran halten/vñ den an stadt
des Euangelij rhümen/weñ sie bey jnen
sein solten. Vnd mit solchem raumen
Glauben/dürffens jhr etliche auch für
der Welt auff beiderley weise machen/
Den Papisten das Sacrament in ei=
nerley gestalt reichen. Aber den Euan=
gelischen nach Christi ordnung das gan=
tze Nachtmal außtheilen/ dürffen sich
vnterstehen das Euangelium zu Predi=
gen/wie man allein durch den Glauben
gerecht werde/vnd nichts desto weniger
die grewliche Abgöttische / vnd lester=
liche Opffermesse der Papisten halten.

Für diesen Epicurischen verechtern
Gottes/ vnd seiner warheit/ vñ leidigen
Spitzbubē / die beyde Gott vñ die welt/
vmb jhres Bauchs willen zu betriegen/
jhnen fürgesatzt/die nicht gleuben / das
ein Gott im Himmel sey / der jhre
Schalckheit vnd Büberey verstehen
könne/ wil ich E. E. trewlich gewar=
net haben. Denn diese gifftige böse
Würm / verderben nicht allein etliche
Früchte/vnd brechen etliche reißlin ab/
sondern stechen die Wurtzel aller Got=
seligkeit rein ab/das nichts mehr draus
wachsen

wachsen mag/vnd were viel treglicher/
das die Leute in dem Finsternis des
Pabsthumbs liegen blieben/ denn das
sie also auff beyden seiten hincken sol‐
ten/ denn wer von einer Religion so viel
helt/ als von der andern/ der helt keine
für recht/vnd wer Gott vnd den Götzen
zu gleich wil dienen/ der dienet weder
Gott noch den Götzen/ sondern spottet
jhr beiden.

Als der König der Assyrien die Hey‐
den aus Babel/ Hemath/ Aua vnd
2.Re.17. andern stedten in Samaria gesetzt/ vnd
dieselbige zu gleich den HErrn/ den
Gott Israel fürchten/ vnd auch jhren
Götzen/wie sie von alters gewohnt/die‐
nen wolten/ zeuget der Geist Gottes
in den Propheten von den Samari‐
tern/das sie weder Gott recht gedienet/
noch jhre sitte recht gehalten haben. E‐
2.Reg.17. lias der Prophet/ straffet das Volck
Israel/ welchs zu gleich das Gesetz
Moisis halten/ vnd doch dem Baal
vnd den Kelbern Jeroboam dienen wol‐
te/ mit harten scharffen worten/ Wie
lang hincket jr auff beyden seiten? Ist
der HErr Gott/ so wandelt jhm nach/
Ists

Ist's aber Baal / so wandelt jhm nach. Item / in der Offenbarung spricht der HErr: Weil du weder kalt noch warm bist/wil ich dich außspeien aus meinem Munde/etc. Aus diesen zeugnissen der Schrifft/sehen E. E. außdrücklich/das Gott keinen gefallen hat / an den tückischen Leuten / die in Glaubens sachen den Baum auff beyden Achseln tragen. Denn Gott wil das Hertz/ den Mund/ vnd das Werck des menschen allein besitzen/vnd haben/das es jhm allein/vnd sonst niemandt dienen sol / vnd lest jhm an dem nicht genügen/ das man jm mit dem Hertzen wolte zugethan sein/er wil auch das mündtliche bekentnis haben/ das wir alle falsche Lehre / Abgötterey vnd Lesterung fliehen vnd hassen / vns von den Vnchristen absondern / vnd vns zu jhm für aller Welt bekennen solten / Wer sich anderer gestalt erzeigt/ mag der Welt wol mit seinen listigen tücken ein zeitlang hofieren / aber ein Christ mag er nicht sein. Darumb hüten sich E. E. für solchen.

Die andere Secte ist der Caluinisten/ die da leugnen die ware vnd wesentliche
gegen-

gegenwertigkeit des Leibs vnd Bluts
Jesu Christi im heiligen Abendmal / eine sehr schedliche Rotte voller list vnd
betrugs / vnd abgericht / die einfaltige
hertzen zuuerführen. Im ersten antrit
lassen sie sich mit nichten mercken / als
die solchen schedlichen Irrthumb bey
sich trügen / beruffen sich auff die Augs
spurgischen Confession / brauchen auch
solche wort / das ein einfeltiger vnge=
übter / nicht anders vernemen kan / denn
sie halten recht vom Abentmal / brau=
chen aber solche zweiffelhafftige / Ge=
schraubte / Halbmündige / beydenhen=
dische worter / vnd rede / die sie auff bey=
derley meinung ziehen können. Wenn
sie aber sehen das sie lufft haben / vnd ei=
nen anhang vnd beyfal bey etlichen ge=
waltigen bekommen / da brechen sie her=
aus / vnd geben jhre Schwermerey an
tag / wie solchs mit vielen Exempeln we=
re zu beweisen. So hat auch die Caluinische Seckt mehr Jrthumen bey sich /
Als das die Kinder der Gleubigen El=
tern / von Mutter leib an heilig sind / In
das reich Gottes als gliedmassen Christi gehören / vnd den Glauben haben sol=
len /

len/ehe sie getaufft werden/vnd das die Tauffe nicht ein mittel noch werckzeug sey/dadurch der Mensch wider geboren werde/sondern nur ein zeichen vnd versicherung/das der Mensch schon vorhin/von Gott sey auffgenomen.

Welcher Jrthumb wider die lehre Pauli ist/da er spricht/Wir waren alle von natur Kinder des zorns Gottes. Item Gott machte vns selig / durch das Badt der Widergeburt/ vnd Ernewerung des heiligen Geistes/ Wil derwegen E. E. vnd L. mit fleis erinnert vnd vermanet haben/ E. E. wollen sich mit aller freudigkeit / von den Pebstlichen Götzendienern absondern/ Gottes Wort/ vnd die Augspurgische Confession/ mit rechtē ernst annemen/ aber zu gleich mit zusehen / das jhr von den leidigen Verfürern / vnd Rottengeistern nicht berückt noch eingenommen werdet.

Ephe. 4
Tit. 3.

Der ewige/ heilige / vnd fromme Gott Vater vnsers HErren vnd Heilandes Jhesu Christi/ wolle sich E. E.

annemen / sein selbst ware Erkentnis
in euch anzünden / vnd leuchten lassen:
Seine heilige Kirche / durch sein heiliges Wort vnter euch samlen / vnd euch
im Glauben / vnd frieden / gnediglich durch seinen heiligen
Geist erhalten.

E. E.

Williger

Tilemannus Heßhusius der heiligen
Schrifft Doctor vnd Christi Exul.

Vnter

Unterschiedt/
zwischen Christlicher Lere/ zu der sich die Gemeine Jhesu Christi bekennet/ vnd der groben lesterlichen Irthumen/ greweln vnd Abgötterenen der Römischen Pebstlichen Antichristischen Rotten.

I.
Vom erkentnis
Gottes.

En hohen Artickel vnsers Christlichen Glaubens/ Das ein einiger Ewiger Allmechtiger Gott sey/ Schöpffer Himmels vnd der Erden/ eines vnzertrenlichen wesens/ aber dreyer warhafftig vnterschiedener Personen, nemlich Gott der Vater/ Gott der Sohn/ vnd Gott der heylige Geyst/ eines ewigen wesens/gleicher Ehr vñ Allmacht/

haben

haben die Pebstlichen so weit bleiben lassen/ das sie solche Lehre vnd Glauben nicht straffen / sondern für recht vnd dem Göttlichen wort gemeß erkennen. Derwegen ob wol die Pebstlichen bey diesem einigen waren Gott in jhrem Gebet vnd anruffung nicht bleiben/ sondern neben jhm verstorbene Menschen/ auch geschnitzte Bilder an Gottes stadt anruffen. Derhalben sie billich für Götzendiener gehalten vnd verdampt werden: Gleichwol/ weil sie die Lehre von dem einigem ewigen Göttlichen wesen/ vnd dreyen vnterschiedenen Allmechtigen Personen/ vnuerfelscht haben lassen bleiben / ist zwischen vns vnd jhnen in diesem Punct kein streit.

Zu beyden theylen wirdt bekandt vnd nachgegeben/ das ein einiger/ warer/ Ewiger/ Allmechtiger Gott sey/ laut des Spruchs/ Höre Israel/ Der Herr dein Gott/ ist ein einiger Gott. In dem sindt wir auch einig/ Das drey ewige Göttliche Personen sindt/ Gott der Vatter/ Sohn/ vnd heiliger Geist/ wie Math.ʒo die Wort Christi zeugen/ Gehet hin in alle

alle Welt/vnd Lehret alle Heyden/vnd
Teuffet sie im Namen des Vatters/
Sohns vñ heyligen Geists/ Also bekennen wir zu gleich/das Jhesus Christus/ Psal. 2
ewiger Allmechtiger / vnd warer Gott
sey/ wie Gott der ewige Vater selbst
von jhm zeuget/ Du bist mein Sohn/
heute hab ich dich gezeuget. Der HErr Psal.100.
sprach zu meinem HErren/ setze dich zu
meiner rechten / wirdt derhalben von Matt. 28.
beiden theilen die Arrianische lesterung
verdampt. Das auch der heylige Geist/
Warer / Ewiger / vnd Allmechtiger
Gott sey/sind wir zu beyden theylen ge-
stendig/vnd füren zugleich das zeugnis/
Tauffet sie im Namen des Vaters/
Sohns/vnd heiligen Geists/ wider den
Lesterer Macedonium/vñ andere Pneu-
matomachos:

Es ist wol zu dencken/ das Gott aus
sondern gnaden / den Artickel vom Erkentnis seines Göttlichen wesens / bey
den lesterlichen Papisten / die schier das
gantz Gesetz vnd Euangelium verfelscht
vnd begraben haben/ aus denen vrsach-
en hat rein bleiben lassen / auff das die

B iij   liebe

liebe Kindlin recht getaufft/ vnd die in jhrer kindtheit/ ehe sie von den Pebstlichen Lügen/vnd Irthumen sind eingenommen/von hinnen sind abgefodert/ durch das Badt der Widergeburt selig wůrden/ vnd Gott also auch vnter dem heßlichen Reich des Antichrists/ dennoch seine Kirche erhielte. Vñ ist Gotte für solche grosse wolthat hoch zu dancken.

II.

Von beyden Naturn in Christo.

IN diesem Artickel ist auch kein streit. Denn wie die gemeine Gottes aus vnd nach Gottes wort bekennet vnd gleubet/das in Jesu Christo/ zwo vnterschiedliche natur sind/die ewige/Göttliche/so von ewigkeit vom Vater geborn/des Vaters ewigs wort/vnd wesentlichs Ebenbildt ist. Vnd die ware Menschliche Natur / vom heyligen Geist empfangen/ vnd von der Jungfrawen Maria geborn / welche beyde Naturn

Naturn vnuerwandelt in Jhesu Christo persönlich mit einander vereiniget
sind/vnd beyde zugleich in jrem vnuer-
enderten wesen ewiglich bleiben werden.
wie dann solche hohe Lehre in dem
Spruch Johan. 1. verfast vnd gegrün- Johan.1.
det ist. Jm anfang war das Wort/vnd
das Wort war bey Gott / vnd das
Wort ward Fleisch / vnd wonet vnter
vns: Also lassens auch die Pebstlichen/
bey diesem bekantnis vnd Lehre bleiben/
wollen dafür angesehen sein/ als die fest
ob den Concilijs Niceno/Ephesino vnd
Chalcedonensi halten/ in welchen dieser
hoher Artickel richtig / vnd wider die
Ketzer / Arrium/ Nestorium/ vnd Eu-
tychem/erstritten vnd erhalten ist. Derhalben sie mit vns auch in diesem Punct
einig sein wollen.

III.
Von der Schöpffung vnd
ehaltung aller Creaturn.

Nach der Lehre der Apo-
steln vnd Propheten / gleubet
vnd bekennet die Allgemeine

Christliche Gottes Kirche / Das der Ewige / einige vnd ware Gott Vater vnsers HERRN Jhesu Christi / durch mitwirckung seines eingebornen Sohns / vnd des heiligen Geists / Himmel vnd Erden / Engel / vnd Menschen / vnd alle ding erschaffen habe / vnd noch alles erhalte vnd regiere laut der Sprüche /

Psal. 33. Durch das wort des HERren ist der Himmel gemacht / vnd all sein Heer / durch den Geist seines Mundes. Item

Johan. 1. Alle ding sind durch dasselbige wort gemacht / vnd ohn dasselbige ist nichts gemacht / das da gemacht ist.

Also bekennet vnd lehret auch die gemeine Gottes / das der ewige Gott / alles freywillig / vnd vngezwungen / erhalte / vnd regiere / wie er alles auß eignem Rath / mit freyem willen / vnersucht nach seiner ewigen weißheit / vnuerhindert hat erschaffen. Derhalben er den lauff der Creaturen auffhalten / verendern / vnd seines gefallens kan ordnen / den gleubigen zur rettung / den Gottlosen zur straffung. Denn Gott ist an keine Creatur / noch Gesetz der Natur gebun-

gebunden. Denn ich weis das der Herr gros ist/vnd vnser Herr für allen Göt- Psal.135.
tern. Alles was er will/das thut er/im
Himmel/auff Erden/im Meer/vnd in
allen tieffen.   Aus vnd nach den zeugnissen der heiligen Schrifft/gleuben/
bekennen vnd lehren die waren Chri-
sten/das Gott den Menschen habe rein/
ohn Sünde/ohn gebrechen/auffrich-
tig/heilig/vnd gerecht erschaffen/mit
schönem erkentnis Gottes gezieret/vnd
mit freyem willen begabet/Denn also
schreibet Moises/Vnd Gott schuff den Gene. 1.
Menschen jhm zum Bilde/zum Bilde
Gottes schuff er jhn. Derhalben Gott
keines weges ein vrsach ist der Sün-
den/laut des Spruchs/Du bist nicht
ein Gott/dem Gottlos wesen gefellet.
Dis alles sind nun auch die Pelstlichen Psal. 5.
gestendig/das dis Gottes Wort sey.
Ist derwegen zwischen vns vnd
jhnen vber diesem Artickel
vberall kein streit.

☙

B v   Vom

IIII.
Vom Gesetz Gottes.

Alhie theylen wir vns von einander / wir Christen / die wir vns zu der Göttlichen warheyt/vnd der Prophetischen Apostolischen Lehre bekennen/vnd die Pebstlichen / so dem Babst zu Rom dem oberfürtem vnd erklertem Antichrist/vnd seiner Synagoga noch anhangen. Denn die Lehre/ glaube vnd bekentnis/in diesem/vnd folgenden hochwichtigen Artickeln / an welchen onser Seligkeyt gelegen / gantz vngleich/vnd sind vns die Pebstlichen/ was folgende Religions Puncten betrifft / nicht viel nehr den Jüden vnd Türcken/ verwandt. Darumb auff das sich ein fromes rechtgleubigs Hertz/von den Götzendienern lesterlichem hauffen vnd gliedmassen des Antichristen/ wisse abzusondern / vnd recht verstehe / was für vnterscheid sey zwischen vnserm/ Christlichem Catholischem glauben vn̄ bekandtnis/vn̄ zwischen der Bebstlichen

Aber

Aberglauben/Irthumen/vnd greweln/ Auch sehe / auff welchen grundt der Schrifft/vnser glaub gebawet / vnd begründtfestigt/ Wie aber die Pebstlichen so gar nichtigen losen schein/vnd schwachen behelff/jres Aberglaubens vnd falscher Lehr haben / wollen wir auffs kürtzeste mit Gottes hülff gegen einander setzen: Erstlich was Gottes Volck von den folgenden Artickeln gleube vnd bekenne: Darnach auch anzeigen / was die Pebstlichen dauon halten vnd leren/ Dabey etliche Sprüche / aus den Prophetischen/vnd Apostolischen Schrifften zur bekrefftigung vnser Lehr anziehen/vnd die gemeinste scheingründe vnser Widersacher gründlichen widerlegen.

Als dann Paulus zun Röm. spricht/ Ro. 7. Das Gesetz ist heilig / recht / vnd gut. Item das Gesetz ist geistlich: Demnach machet die gemeine Gottes ein vnterscheidt / zwischen den Menschensatzungen/vnd zwischen Gottes Gesetz. Welchs eine Lehre ist / die da anzeigt/ wie GOtt den Menschen erschaffen habe/ vnd welchen gehorsam Gott von
vns

vns fodere/was wir thun/vnd was wir
laſſen ſollen/vnd fodere nicht allein euſ-
ſerlichen/weltlichen/Bürgerlichen/ gehorſam / vnd zucht: Sondern auch den
Innerlichen/hertzlichẽ/geiſtlichen/vol-
kommenen / rechtſchaffenen gehorſam.
Vnd drawet den Todt vnd ewigs ver-
damnis/ allen / ſo den volkommen gantzen gehorſam/dem Geſetze nicht leiſten.
Denn alſo lauten die fürnembſte Wort

Dent.6. des Geſetzes. Du ſolt Gott deinen Her-
Deut.19. ren lieben / von gantzem Hertzen / von
gantzer Seele / von gantzem Gemüte/
vnd deinen neheſten als dich ſelbſt. Item

Leui.27. Verflucht ſey jederman/ der nicht helt
Jacob 2. alles was im Geſetz geſchrieben ſtehet.
Item/wer an einem ſündigt/ der iſt des
gantzen Geſetzes ſchüldig.

Vnd iſt zuwiſſen/das dreyerley Geſetz ſind in der Schrifft. Als zum Erſten
das Ewige Geſetz in den zehen Geboten verfaſſet. Zum andern/die Kirchen
ſatzungen. Zum dritten/die Policey ordnung im Jüdenthumb. Vnd von allen
Gal.5. dieſen Geſetzẽ/ſind wir durch Chriſtum
erlöſt/ alſo das vns keins kan verdammen.

men. Aber von den Kirchensatzungen/
vnd Policey ordnungen Moisis/ sind
wir so gantz frey/ das wir/ noch kein
Mensch dieselbige mehr halten dürffen.
Denn das Gesetz vnd die Propheten/
wehren nur bis auff Johannem. Aber Matt.11.
zun zehen Geboten/als zum ewigen Ge-
setz/ sind wir noch verpflichtet zum ge- Mat. 5.
horsam. Ich bin nicht kommen das gesetz auffzulösen/Sondern zu volbringē. Rom. 3.
Item/per fidem legem stabilimus.

Es zeuget aber die gantze Heilige
Schrifft/das dem Menschen in dieser
schwachheit des fleisches vnmüglich sey/
den gantzen volkomenen gehorsam des
gesetzes zu leisten/ vnd zu volbringen.
Deñ dis Pauli wort sind zun Römern. Rom.8.
Denn das dem Gesetz vnmüglich war/
sintemal es durch das Fleisch geschwe-
chet wardt/ das that Gott/ vnd sandte
seinen Sohn/ in der gestalt des sündt-
lichen fleisches/ vñ verdampte die Sün- Rom. 8.
de im fleisch/durch Sünde. Item/Deñ
fleischlich gesinnet sein/ ist eine feindtschafft wider Gott/ sintemal es dem
Gesetz Gottes nicht vnterthan ist/
Denn

Denn es vermag es auch nicht. Darüb
es offenbar ist/das niemandt das Gesetz
volkömlich möge halten. Niemands
kan Gott von gantzer Seelen vnd Hertzen vber alle ding lieben/vnd den Nehesten als sich selbst / angesehen / die krefft-
ten des Menschens geschwecht/vnd mit
Sünde vergifftet sind.

Dazu aber ist das Gesetz gegeben/
nicht das wir dadurch gerecht / vnd selig werden / denn durch die Werck des
gesetzes / wird kein lebendiger gerecht.
Rom.3. Sondern das wir dadurch zum erkentnis der Sünden kommen/vnd fur Got-
tes gericht vnd zorn erschrecken lernen/
wie die Sprüche Pauli zeugen / durchs
Gesetz kompt erkentnis der Sünden.
Rom. 3. Item/ Das gesetz wircket zorn. Item/
Rom. 4.
Rom. 7. Das gesetz ist neben einkommen / auff
2. Cor. 3. das die Sünde mechtiger würde. Item
das gesetz ist ein Ampt des Todes vnd
der verdamnis. Dis ist der fürnembste
brauch des gesetzes / Gottes zorn wider die Sünde offenbaren/vnd das hertz
zerschlagen. Der ander brauch ist/ das
es auch die bekerten vnd gleubigen leret/
welcher

welcher gehorsam Gott gefellig ist. Der dritte brauch ist/die eusserliche zucht vnd Disciplin die Leute eusserlich from zu machen/ vnd zum gehorsam zu zwingen/daher der Spruch gehet / Lex posita 1. Tim. 1. est iniustis.

Wider diese warhafftige Lehre der gemeine Gottes vom gesetz/ in Gottes wort gegründet / tichtet vnd lestert die Römische Pebstliche Rotte/ viel grober Irthumb / vnd sind dis die fürnembste. Gottes Gesetz fodere nicht mehr von vns / denn den eusserlichen Bürgerlichen gehorsam / vnd die zucht / so der Mensch kan leisten. Vnd die innerliche gebrechen / als zweiffel / vngedult/ hoffart / eigen gut düncken / neid / böse begirden / sind nicht verdamliche Sünden/ Sondern natürliche regung / wie Hunger vnd Durst ohn Sünden geschehen.

Zum andern / tichtet vnd lestert die Pebstliche rotte / das der Mensch hie im leben/das Gesetz könne volbringen/ vnd gentzlich halten / also / daß das gesetz

setz vom Menschen nicht mehr könne fodern/ ja das auch der Mensch könne mehr thun/ vnnd bessere werck/ den das Gesetz fodert. Daher sie lehren/ daß das Klosterleben sey eine volkommenheit. Itz/ Der Mensch habe vberlenge wercke / opera supererogationis, die er zu seiner seligkeit nicht bedürffe/ sondern vmb gelt verkeuffen möge. Diesen lesterlichen jrthüb speiet noch aus die verfluchte Synagoga zu Trident. Si quis dixerit, Dei præcepta, homini etiam iustificato, & sub gratia constituto, esse ad obseruandum impoßibilia, anathema sit. Das ist / Wer do saget/ das die Gebot Gottes, dem Menschen, auch der Gerechtfertigt/vnd vnter der Gnaden ist/ zu halten vnmüglich sein/ der sey verflucht.

Zum dritten/ tichten vnd lehren die Pebstlichen/ das Gesetz Gottes sey darumb/ vnnd dazu gegeben/ auff das der Mensch dadurch selig vnd für Gott gerecht werde. Item/ Das der eusserliche gehorsam/ auch die selbst erwelte werck/ im gesetz nicht Geboten/ die gerechtigkeit sein/ die für Gott gilt. Dis sindt
gantz

gantz grewliche Irthumen/dawider alle
Propheten vnd Aposteln streiten/ Sonderlich Paulus zun Römern am 3. vnd
4. Capitel.

Es legen aber die Pebstlichen diese
vngründe/ jhre Irthumen/ vnd Lügen
vom Gesetz darauff zubawen/ vnd ver-
meintlich zu befestigen.

Vnrecht vnd vnbillich ists/ das man
von dem Menschen mehr fodern wil/
denn sein vermügen ist: Wenn man ei- *Argt.*
nem Jungen Kinde gebieten wolte grosse Steine zu tragen/ das es nicht ver-
möchte/ vnd wo es nicht thete/ sol es darumb sterben; der handelte wie ein Ty-
ran. So nun Gott mehr fodert im Ge-
setz/ denn wir leisten könne/ Ist er denn
Tyrannisch?

Antwort. Gott fodert keine vnmüg-
liche ding von dem Menschen/ so man
die erste Schöpffung des Menschens
ansihet. Denn Gott hat den Menschen
volkommen erschaffen/ mit allen Kreff-
ten/ mit Verstand/ vnd rechtem freyen
C willen/

willen/ also/ das er alle Gebot volköm­
mentlich/ ohn einigen fehl/ auch mit
lust köndte leisten. Dieweyl nun der
Mensch sich durch seinen freyen willen
verderbt hat/ vnnd die freywilligkeyt
verloren/ So fodert Gott mit recht vnd
billigkeyt den gehorsam/ dazu er vns er­
schaffen hatte/ vnd ist nicht Tyran­
nisch/ ob gleich vns in dieser verderbten
Natur/ solche gerechtigkeyt vnmüglich
ist/ Wie Paulus außdrücklich zeuget.
Rom. 8. Denn das dem Gesetz vnmüglich war/
(sintemal es durch dz fleisch geschwecht
ward) das that Gott/ vnd sandte seinen
Sohn/ etc. Denn fleischlich gesinnet
sein/ ist Gottes Gesetz nicht vnterthan/
denn es vermag es auch nicht.

Auch ists nicht allezeyt vnrecht/ vn­
mügliche ding von einem fodern. Ein
Gleubiger fodert die geborgte Schuldt
vom Schuldener/ vnd hat des fug vnd
recht/ vnangesehen wes vermügens/
oder vnuermügens er sey. Ist derwe­
gen der Pebstlichen schein falsch vnd
nichtig.

Ih­

Ihr ander Vngründt ist Zacharias. *Argu.*
vnd Elisabet waren alle beyde from für
Gott / vnd giengen in allen Geboten
vnd Satzungen des Herren vntadel-
hafftig. Hie sihet man / das Zacharias
vnd Elisabet / das Gesetz volkommentlich gehalten. Darumb mus es zu halten
müglich sein.

Antwort: Lucas sagt nicht / das
sie das Gesetz volkommentlich gehalten haben / Sondern rühmet sie von
wegen zweyerley Gerechtigkeyt / Erstlich sindt sie für GOTT from gewest /
nemlich / durch den Glauben an den
Messiam / nicht durch jhren gehorsam.
Denn Zacharias bezeugt in seinem Lie- *Luc. i.*
de / Das heyl seines Volcks stehe in vergebung jhrer Sünden. Vnd in solchem
Glauben haben sie auch Gott geliebet
vnd gefürchtet / welchs auch fromkeyt
für Gott ist. Aber solche fromkeyt / gefellet Gott allein / von wegen des Mitlers Jhesu Christi. Zum andern / rhü-
met er jhren gehorsam / das sie in allen
Geboten Vntaddelhafftig haben ge-
wandelt. Solchs ist nicht zuuerstehen /
als

als haben sie für Gott das Gesetz erfüllet. Sondern wirdt geredet von dem Vrtheyl der gemeine Gottes / für den Menschen waren sie beyde vnstrefflich/ Aber solcher gehorsam / den die Menschen nicht tadeln können / erfüllet das Gesetze nicht. Denn Gottes Gericht/ ist weit ein höhers vnd Geistlichers Gericht.

3. Argt. Der dritte Vngrundt ist die falsche deutung des Spruchs Petri. Darumb lieben Brüder / thut desto mehr fleis/ ewren Beruff vnd Erwehlung feste zu machen / denn wo jhr das thut / werdet **Johan.3.** jhr nicht straucheln. Item/ Wer aus Gott geboren ist / der thut nicht Sünde/ Denn sein Same bleibt bey jm/vnd kan nicht sündigen / den er ist von Gott geborn. Hieraus wollen sie schliessen/ das der Mensch könne ohn Sünden sein / vnd also das Gesetz Gottes volkommentlich halten.

Aber darauff ist also zu antworten. Es ist zweyerley Sünde/ Eines ist die Todtsünde/ oder Herschende Sünde.
Die

Die ander ist schwacheyt in den Heyligen. Wo die herschende Sünde Regnans peccatum ist / die Sünde wider das Gewissen / da ist der Mensche verdampt / vnd hat den Geist GOttes nicht: Aber ob gleich die schwachheyt in den Heyligen ist / so werden sie darumb nicht verdampt. Denn es ist nun nichts verdamlichs an denen / die in Christo Jesu wandeln / sintemal Christus solche Sünde zudecket / vnd mit seinem Blut abwaschet. Nun redet der obgemelte Spruch von der Todtsünde / wer aus Gott ist / der kan nicht Sündigen / das ist / Er thut nichts wider sein Gewissen / denn der Geyst Gottes regieret jn. Darumb so lang er den Geyst Gottes / vnd den Glauben behelt / kan er die Sünde nicht herschen lassen. Denn so baldt er wider sein gewissen handelt / vnd der Sünden jhren willen lest / verleuret er den Göttlichen Samen den heiligen Geyst. Das aber Schwacheit / Gebrechen / innerliche Sünden im Hertzen / noch in den heiligen sind / bekennet Johannes. So 1. Joh. 1. wir sagen / wir haben keine Sünde / verführen wir vns selbst / vnd die warheit ist

C iij. nicht

nicht in vns. Solchs ist *de peccato veniali*, das ist von der Sünden/ die in den heiligen vergeben ist/geredet. Also das Petrus sagt/ So werdet jhr nicht Sündigen/ oder straucheln/ ist also zuuerstehen/ so jhr fleis ankeret/ das jhr ewren Beruff vnd erwehlung fest machet/ so fallet jhr nicht in die Sünde wider das Gewissen/ dadurch jhr ewren Beruff vnd Erwehlung würdet verlieren. Darumb vbet euch in aller Gottseligkeyt/ das jhr den heiligen Geist nicht außtreibet. Hieraus folget aber nicht/ das der Mensch das Gesetz volkömmentlich könne halten vnd leisten.

4. Argt.   Der vierde Vngrundt ist/ Rom.13. Die liebe ist die erfüllung des Gesetzes. Colos.3. Vber alles ziehet an die liebe/ die da ist das Bandt der volkommenheyt/ Hieraus folgern die Pebstler/ man könne das Gesetz volnbringen.

Antwort: Paulus redet von der liebe nicht/ wie sie von Menschen geschiehet/ sondern wie sie in Gottes Gebot wirdt erfodert/ vnd also ist die liebe/ wenn sie
volkom-

volkommen ist die Erfüllung des Gesetzes. Aber / dauon ist die frage / Ob wir Menschen solche volkommene liebe Gottes / vnd des Nehesten haben. Denn da feilets vberaus weit / wie vnser Hertz zeuget. Darumb wir teglich sagen müssen / Vater / vergib vns vnsere schuldt / Welch Gebet wir nicht dürfften Beten / wenn wir das Gesetz kondten erfüllen.

V.

Von den Sünden.

GOttes Gemeine bekennet vnd Lehret / das da Sünde sey / alles was wider GOttes Gebot ist / vnd geschihet / laut des Spruches. Verflucht sey jederman / der nicht helt / alles / was im Gesetz geschrieben stehet. Item / Die sünde ist das vnrecht. Vnd das zweierley Sünde sey die Erbsünde / vnd wirckliche Sünde: Die Lehre von der Erbsünde ist gegründet in

Leut. 27

1. Joh. 3

E iiij diesen

Joha. 3. diesen Sprüchen/ Was vom fleisch geboren wird/ das ist fleisch. Item/ fleischlich gesinnet sein/ ist eine Feindtschafft
Rom. 8. wider Gott.   Item/ Wir waren alle
Ephe. 2. Kinder des zorns von Naturn. Item/
Gene. 6. alles tichten vnd trachten des Menschlichen Hertzens/ ist jmmerdar böß von Jugendt auff/ welche Sprüche zeugen/ das der Mensch von Natur vnter dem zorn Gottes liege/ vnd zum Tode verdampt sey/ beydes von wegen der vbertretung Adā/ vnd des angeerbten mangels vnd schadens/ in vnserm verdorbenem fleisch.

Hiewider tichtet die Pebstliche Römische Rotte von der Erbsünde/ das der Mensch von Natur vnter Gottes zorn gehöre/ von wegen des fals Adā/ aber nicht von wegen des mangels/ der im Menschen ist. Vnd lehret das die angeerbte Blindheyt/ vnd der angeborne Vnwil/ vnd vnkrafft/ dem Göttlichen Gesetz zu wider/ nicht Sünde sey/ noch von Gott verdampt werde. Lehret auch weiter/ das die innerliche vnd heimliche Sünden/ so aus der Erbsünde natürlich

lich wachsen / als der zweiffel an Gott/ vnd die böse begirden nicht Sünden sind / die den Menschen verdammen/ sondern nur straffen/von wegen des fals Adä dem Menschen aufferlegt.

Zur bestetigung dieses lesterlichen groben Jrthumbs/ legen sie diesen Vngrund/ Peccatum est voluntarium, Die Sün- u. Argt. de mus geschehen mit verwilligung des Hertzens. Der mangel des Liechts im verstandt vnd der Gerechtigkeyt klebet vns an von Natur ohn vnser mitwilligung / Darumb ist solcher mangel keine Sünde.

Augustinus antwortet hierauff also/ der mangel vnd die böse begirde/beliebet vns von Natur / darumb ist auch eine verwilligung da/ vñ ist derwegen Sünde. Aber füglicher kan man also antworten. Der Spruch peccatum est voluntarium, hat keinen grundt in GOttes Wort/ von den wircklichen Sünden mag er geduldet werden. Aber von der Erbsünde ist er falsch/ wie das Paulus beweiset. Sie sind allzumal Sünder/ vnd

Rom. 3.   vnd mangeln des rhumbs / denn sie an Gott haben solten. Hie bekennet Paulus / dz der mangel der gerechtigkeit/der auch ohne verwilligung da ist / Sünde sey. Der heilige vnd fromme Gott/hat den Menschen anfangs auffrichtig / rein / vnd mit volkommenen krefften erschaffen / mit hellem Liecht des verstandes / damit er Gott erkennen kondte/ mit auffrichtigem freien willen Gott volnkömlich zu lieben / vnd mit reinen begirden gezieret / denn Gott hat den Menschen nach seinem Ebenbilde er‑

Gene. 1.   schaffen. Weyl aber nun der Mensch durch den fall Adã / diese schöne krefftig vnd volkommenheit verloren hat/

Luc. 10.   von den Mördern außgezogen / vnnd verwundet ist / vnd nun ein finstern verstandt/ der nichts denn Lügen / vnd Irthumb gebieret / darzu einen verkerten bösen willen hat / zu aller Vntugendt geneigt / straffet Gottes Gesetz solchen mangel am Menschen : Also das wir

Ephe. 2.   von Natur verdampt sindt / ehe wir
Joha. 3.   auch böses gethan. Denn von Natur sindt wir Kinder des Zorns / vnd was vom Fleisch geboren ist / das ist Fleisch/

das

das ist verdampt zum Tode ohne Geist.

Zum andern/legen die Pebstlichen zu ihrem Gebew der falschen Lehre / auch diesen vngrundt/ Gottes geschöpff/oder die erschaffene Natur kan nicht Sünde sein. Die begirde im Menschen sindt Gottes geschöpff/Ergo/etc.

Antwort / Es sindt zweierley begirden im Menschen/gute vnd böse. Die natürliche liebe in den Eltern gegen die Kinder / ist Gottes geschöpff/ vnd stimmet vberein mit Gottes Gesetz. Aber die böse neigung vnd lust / so da wider Gottes befehl ist /, als, Du solt nicht begeren deines nehesten Haus / ist nicht Gottes geschöpff/Ist auch keine erschaffene Natur/sondern eine zerstörung der Natur/ vom Teuffel eingefürt/laut der Spruch des Fleisches lust / vnd der Augen lust / ist nicht vom Vater / sondern von der Welt. Exo. 20.

1. Joh. 2.

Esleugnet auch die Pebstliche Kirche/das in den Geteufften vnd Widergebornen Christen / die Erbsünde bleibe. Welchs öffentlich wider die Lehre Pauli

Pauli ist zun Römern. Denn ich weis/
das in mir/das ist in meinem fleisch wo=
net nichts guts/ wollen habe ich wol/ a=
ber volnbringē das gute/ finde ich nicht.
Item/ Ich sehe aber ein ander Gesetz in
meinen Gliedern/ das da widerstrebet/
dem Gesetze/ in meinem gemüte. Hie
bekennet der Getauffte widergeborne
vnd vom H. Geyst erleuchte Paulus/
das dennoch die Erbsünde jm anhange/
vnd streite wider den Geist/ vnd ihn hin=
dere / das er nicht thue / was er gerne
wolte/ nach dem newen Menschen. Vnd
wie solte die Wurtzel der Erbsünde nicht
bleiben in den Getaufften vnd gleubigen
Christen / so wir doch sehen / das die
Sünde vnd Schalckheit sich in allen
Kindern reget/ so baldt sie ein wenig
zum verstande kommen/ welchs dann
nicht geschehen würde/ wenn die Tauf=
fe die Erbsünde hinweg neme. Ist doch
des Getaufften vnd gleubigen Christen
gantzes Leben nichts / denn ein steter/
teglicher Kampff vnd streit/ in welchem
der Glaube wider den zweiffel/ die Ge=
rechtigkeyt/ wider die Sünde / Gottes
furcht wider die böse lust/ der Geist wi=
der

der das verdorben fleisch / mus kempffen / wie Paulus solchen streit beschreibt /
Roma. 6. vnd 7. vnd Gal. 5. Darumb
ist der Spruch Augustini recht geredt /
Concupiscentia in Babtizatis paruulis à reatu sol   De pete t
uitur, ad agonem relinquitur. Das ist die böse   me: lib.2q
begirde wird in den geteufften Kindern
vergeben / aber doch zum kampff gelassen.

    Hiewider pflegen nun die Pebstlichen etliche Sprüche fürzuwerffen / als /
Denn jr seid alle Kinder Gottes / durch
den Glauben an Jhesum Christum /
Item. Wie viel ewr Getauffe sind / die   Gal. f.
haben Christum angezogen. So nu die /
so Getaufft sind / Gottes Kinder sind /
vnd Christum angezogen / so können sie
ja keine Sünde haben / sonst weren sie
Kinder des Teuffels.

    Antwort / Die so Getaufft sind / vnd
an Christum gleuben / sindt ohn allen
zweiffel Gottes Kinder / vnd haben doch
gleichwol die Erbsünde im Fleisch klebent / aber also / das sie gantz vergeben
vnd zugedeckt ist / vnd auch durch den
heiligen Geyst gedempfft wirdt / das sie
                        nicht

nicht herschet. Denn die Widergeburt geschiehet nicht dermassen / das der Mensch von stund an im Geyst volkommen/vñ aller Sünden los sey/ sondern teglich mus der newe Mensch zunemen / vnd der Alte Adam mit seinen lüsten/ domit er sich in Jrthumb verderbet / Getödtet vnd außgezogen werden. Roma. 8. Nennet vns Paulus Gottes Kinder / vnd wil doch das wir durch den Geist die geschefft des Fleisches/ Ephe. 4. das ist / Die früchte der Erbsünde tödten sollen. Vnd folget nicht daraus/ das wir darumb Kinder des Teuffels sindt/ Denn Kinder des Teuffels sind/ die wider das Gewissen sündigen / vnd in welchen die Sünde herschet.
Aber in den Gleubigen herschet die Sünde nicht/
Roma. 7.

Vom

VI.
Vom eigen willen des
Menschens nach dem Fall.

GOttes Gemeine bekennet vnnd Lehret / das der Mensch nach dem Fall Adä / also verdorben / vnd in jhm alle krefften geschwecht sindt / das der Mensch vberall keinen freien willē habe in den Geistlichen sachen/zur ewigen Seligkeyt gehörig/sondern der Sünden knecht / sey vnter der Sünden verkaufft / werde vom Teuffel gefangen gefürt / könne derwegen aus jhm selbst vberall nichts guts thun. In leiblichen jrdischen sachen hat der Mensch etlicher massen einen freyen willen/ aber nicht von Sünden vnd Todt sich zu erretten/vnd Selig zu werden. Wenn aber der Mensch durch den Sohn Gottes gefreyet wirdt / vnd durch den H. Geyst widergeborn / als denn bekompt er newe krafft Gott zu lieben / vnd der Sünden widerstand

Joha. 8.
Rom. 7.
2.Tim. 2.

Joh. 1.   zu thun. Wie solchs die Schrifft beweiset / Welche nicht aus dem geblüt / noch aus dem willen des Fleisches / noch aus dem willen des Mannes / sondern aus
Joha. 8.   Gott geborn sind.   So euch nun der
Rom. 8.   Sohn frey machet / so seid ihr recht frey. Fleischlich gesinnet sein / ist dem Gesetz Gottes nicht vnterthan. Denn es vermag es nicht / 1. Cor. 2. Der natürliche Mensch verstehet nicht was des Geistes Gottes ist.

Dawider treumet / tichtet / vnd Lestert / die Pebstliche Römische Rotte / Der Mensch habe nach dem fall / auch in Geistlichen sachen / einen freyen willen / das er von Natur könne etwas thun / dadurch er die gnade Gottes verdiene / vnd wenn der Mensch durch Gottes gnade Selig wirdt / so müsse er durch seinen freyen willen auch etwas mit wircken / vñ könne also der Mensch einen guten heiligen willen aus jm selbst schöpffen vñ erzwingen. Diesen grausamen lesterlichen Irthumb / der dem H. Geist seine Ehre raubet / lehren vnd vertheidigen noch die lesterliche Bischoffe im Tri im Tridentischen Concilio. Denn sessione quinta sagen sie/ *Liberum arbitrium minime extinctum est, licet sit attenuatum & inclinatum.* Der freye wille ist nicht gantz außgeloschen/ob gleich seine Krefften geringert vnd geschwecht sindt/ vnd hernach setzen sie diese lesterliche Abgöttische Canones/ *Si quis dixerit, liberum hominis arbitrium à Deo motum & excitatum, nihil cooperari, adsentiendo, Deo excitanti atq́; vocanti, quo ad obtinendam Iustificationis gratiam disponat, & preparet, neq́; posse dissentire, si velit, sed velut inane quoddam, nihil omnino agere, mereq́; passiuè se habere, anathema sit.*

Si quis liberum hominis arbitrium, post Ade peccatum amissum, & extinctum esse dixerit: aut rem esse de solo titulo, imò titulum sine re, figmentum deniq́; à Satana inuectum in Ecclesiam, Anathema sit. Can. 4

Hie verdammet vnd verfluchet/ die Verfluchte Synagoga zu Trident/ die jenigen so Gottes Wort Lehren/ das der freye wille zum guten gar erstorben sey/ nichts mitwircke in annemung der Seligkeit/sich nicht bereite noch schicke/ vnd vberal ein lediger Titel sey/ so doch Can. 5

Coloſ. 2. die gantze heilige Schrifft ſolchs bezeu=
get/ſonderlich Paulus / Gott hat euch
mit jhm Lebendig gemacht/da jhr Todt
waret in ewren Sünden. Es wenden
aber die Pebſtlichen zum erſten dieſen
Behelff vor/ jhren vermeinten freyen
willen zu beſtetigen/Gott hat den Men=
ſchen von anfang Geſchaffen/ vnd jhm
die wahl gegeben/ wiltu/ ſo halt dieſe
Gebot.

Antwort / Dieſer Spruch redet
von dem Menſchen/wie er von Gott er=
ſchaffen/ vnd vor dem Fall geweſen iſt/
da hat er ohn allen zweiffel einen freyen
vngehinderten willen gehabt / nicht
allein guts zu thun / ſondern das gan=
tze Geſetz Gottes freywillig zu voln=
Luc. 10. bringen: Aber nach dem der Menſch
vnter die Mörder gerathen / die jn aus=
gezogen/vnd verwundt/ vnd halb Todt
haben liegen laſſen/ hat er nicht mehr
die vorige Kreffte vnd Geſundheyt/ſon=
dern bedarff des Samaritani/ Jheſu
Coloſ. 2. Chriſti/der den Verwundten heile/den
Ephe. 2. Nackenden kleide/den Gefangnen erle=
Jeſa. 61. dige/vnd den Todten auffwecke.

Zum

Zum andern Behelff / gebrauchen 2. Reg.
sie den Spruch / Gene. 4. Bistu aber
nicht from / so ruget deine Sünde für
der Thür / Aber las du jhr nicht jhren
willen / sondern hersche ober sie. Hie
machet Gott den freyen willen zum
Herrn ober die Sünde.

Antwort: Gott gebeut allhie / das
man dem Neide vnd Has vnnd allen
Sünden wehren vnd stewren sol / vnd
jhr nicht jhren willen lassen. Wie man
aber zu solcher Herrschafft ober die
Sünde komme / stehet nicht in diesem
Capitel / sondern ist im dritten Capitel erklert. Der Same des Weybes
soll der Schlangen den Kopff zertre-
ten / das ist / Christus mus vns von
der Sünde vnd vom Teuffel erretten /
den heiligen Geyst vnd den Glauben
geben / vnd als dann kan der Mensch
der Sünden widerstehen / wie domit
Paulus stimmet. Also haltet euch da- Rom. 6
für / das jhr der Sünden todt seydt / vnd
lebt Gott in Christo Jhesu / vnserm
Herrn / So lasset nun die Sünde nicht
herschen in ewrem sterblichen Leibe.

D ij Hie

Die bezeuget Paulus / das wir die herrschafft vber die Sünde nicht von vnserm falschen / berümpten / freyen willen / sondern in Christo Jhesu haben.

Rgt.
1. Cor.15.
Jhr dritte Behelff ist / Ich habe mehr denn sie alle gearbeitet / nicht aber ich / sondern Gottes gnade mit mir / so folget ja das Paulus ein Mitarbeiter sey des heiligen Geistes.

Antwort. Paulus redet hie von sm selbst / als der bekert / ernewert / vnd wiedergeborn ist / vnd also bekennen wir / das der Bekerte / newe krafft / vnd einen freyen / oder wie Augustinus redet / Einen gefreyeten willen habe. Aber die frage ist. Ob der vnbekerte Mensch von Natur einen freyen willen habe / dauon Paulus hie nicht redet. Denn zu den **Philip.2.** Philip. spricht er / Gott ists der da gibt das wollen vnd volnbringen. Darumb kan es nicht vnser freyer wille sein / das wir Selig werden / oder die Seligkeyt wollen vnd annemen.

4. Rgt.
Deut.30.
Zum vierden behelff führen sie den Spruch / Deuto. 30. Das Gebot / das
ich

Ich dir heute gebiete / ist dir nicht verborgen / noch zu ferne / noch im Himmel/ das Wort ist fast nahe bey dir in deinem Munde vnd in deinem Hertzen/ das du es thuest. Hie bekennet Moises/ Es sey den Menschen leicht Gottes Gebot halten. Darumb mus er einen freyen willen haben.

Antwort / Paulus soluirt das Argument zun Römern am 10. also. In diesen worten redet Moises nicht von der Gerechtigkeyt des Gesetzes / welche der freye wille schüldig ist / aber mit nichten kan leisten / sondern von der Gerechtigkeyt des Glaubens / vnd bezeuget hie Moises / das Gott sein wort klar genug an tag gethan habe / vnd die Verheissung reichlich genug erklert / auch geleret / was sein wille sey / das die Kinder Israel in keinem wege drüber zu klagen haben / vnd gehet dieser Spruch wider die / so Gott oder dem Göttlichen wort wollen schuldt geben / das sie nicht from sindt. Das aber der Mensch von Naturn / aus ihm selbst keinen freyen willen habe / in den Geystlichen sachen/

D iij   sondern

sondern allein Gottes Gabe vnd wirckung sey / wann der Mensch gleubet / vnd das Wort annimt / bezeuget Moises im vorigen Capitel. Der HErr hat euch bis auff den heutigen tag nicht gegeben ein Hertz / das da verstendig were / Augen die da sehen / vnd Ohren die da hören. Item / Christus / niemandt kompt zu mir / es sey dann / das jhn der Vater zihe.

Deut. 29.

Joha. 6.

Der fünffte Behelff ist / bekeret euch von aller ewer Vbertrettung / werffet von euch alle ewre Vbertrettung / vnd machet euch ein new Hertz / vnd newen Geyst.

5. Regt.
Eze. 18.

Convertimini ad me, & convertar ad vos, &c.
Si vis ad vitam ingredi serua mandata.

Sach. 11.
Mat. 19.

Antwort. Auff alle die Sprüche des Gesetzes / so in allen Schrifften der Propheten vnd Aposteln sindt / gehört diese Antwort. Aus dem Befehl GOttes folget wol / das wir den gehorsam vnd Bekerunge schuldig sindt. Aber in keinem wege folget daraus /
das

das es in vnserm freyen willen stehe/ das wirs thun können / Gott hat befohlen/ das wir Gott vber alle ding lieben sollen / von gantzem Hertzen / können wirs darumb als baldt verrichten? Einem verarmeten Kauffman kan man mit recht gebieten / das er seine Schuldt bezale / folget aber daraus/ das ers baldt thun könne / wens jhm aufferlegt wirdt? So nun jemandts hieraus folgeren vnnd schliessen wolte / wenn die Gebott ohnmüglich sind zu halten / so ists vergebens / das man sie dem Menschen aufferlegt / vnd lehret.

Darauff wirdt mit aller billigkeyt geantwortet. Die Gebot müssen dem Menschen fürgehalten / vnd getrieben werden / auff das wir dadurch vnsere schwachheyt / verdorbenes Fleisch / vnd sündiges Leben erkennen mögen / vnd also desto feiriger vnd begiriger werden / der Göttlichen gnaden in Jhesu Christo dem Sünder erworben / vnd im wort dem Gleubigen fürgetragen. Wie dann Augustinus auff diese meinung

nung sehr wol geredt hat / Ideo sic expres-
sum est legis imperium, vt infirmitas hominis in se
Cont. duas deficiens, ad facienda ea, quæ lex imperat, de gratia
Epist. pe- Dei, ex fide potius quæreret adiutorium. Das
la: lib. 4 ist / Hierumb ist des Gesetzes befehl also
außgedruckt / auff das die schwachheit
des Fleisches an sich verzage / vnd zu
volnbringen des Gesetzes / bey GOttes
gnade / aus dem Glauben hülffe suche.

VII.

Von der verheissung
der Gnaden.

Er vnterscheidt zwi-
schen dem Gesetz vnd Euange-
lio / das ist / verheischung der gnaden
leuchtet wie ein herrlich Liecht / in der
gemeine Gottes / welche aus den schrifften der Propheten berichtet ist / daß das
Gesetz in der Schöpffung der Natur
eingepflantzt ist. Die verheischung a-
ber vom Messia / vber aller Menschen
verstands / vom Himmel ist offenbaret:
Das

Das auch im Geſetz volkomner gehorſam wirdt erfordert/ vnd das ewige Leben mit ſolchem beſcheidt vnd angang verſproche̅/ So fern wir ohn alle Sünde bleiben/ vnd das gantz Geſetz erfüllen. Die verheiſchung aber der Gnaden/ tragt vns für/ vnd biete vns an/ die vergebung der Sünden/ Gerechtigkeyt ewiges Leben/ den Himmel/ ſampt allen Gütern/ ohn vnſere volbringung des Geſetzes/ vnd ohn allen verdienſt der Wercken/ allein auß gnaden/ vmb Jheſu Chriſti willen/ laut des Spruchs. Alſo hat Gott die Welt geliebet / das er ſeinen eingebornen Sohn gab/ Auff das alle die an jn gleuben/ nicht verlorn werden/ ſondern das ewige Leben haben.

Joha. 3

Vnd ſind alſo dreyerley vnterſchied zwiſchen dem Geſetz vnd Euangelio: Das Geſetz iſt der Menſchlichen vernunfft eingepflantzt. Denn Gott ſchuff den Menſche̅ nach ſeinem Bilde. Item/ Das Werck des Geſetzes iſt geſchrieben in jhrem Hertzen. Die verheiſſung aber des Euangelij/ iſt durch Jheſum

Gene. 1.
Rom. 2.

D v Chri

Joh.1. Christum offenbaret. Der eingeborne Sohn / der in des Vaters Schos ist / hats vns verkündiget.

2. Zum andern / Das Gesetz fodert volkommenen gehorsam / vnd verheisschet niemandts das Leben / der mit Sünden befleckt ist / laut der Spruch / wer solchs thut / wird dadurch Leben.
Levit.27. Item / Verflucht sey jederman / wer nicht helt alles / was im Gesetz geschrieben stehet.

Das Euangelium aber bietet Gnade / vergebung der Sünden / vnd ewigs Leben an / ohn verdienst / auch dem / der das Gesetz nicht gehalten / sondern den Todt verdienet hat. Denn also spricht Gott im Propheten: So war als ich Lebe / wil ich nicht den Todt des
Eze.33. Sünders / sondern das er sich bekere vnd Lebe. Item / Wer an den Sohn
Joh.3. gleubet / der hat das ewige Leben.

Hieraus fleust nun der dritte vnterscheidt. Denn weyl das Gesetz niemand das ewige Leben zuerkent / er habe denn

denn Gottes Gebot gehalten / den
Sündern aber den ewigen Todt drau=
wet: Vnnd dann offenbar / das nie=
mandt vnter vns ohne Sünde sey/
niemandt alle Geboten Gottes könne
halten. Daraus folget / daß das Ge=
setz nur tödte / vnd in vns keinen trost
noch freude / sondern eytel schrecken /
zorn / vnd verdamnis wircke/ wie dann
Paulus bekennet. Das Gesetz sey ein
Ampt des Todes vnd verdamnis. Das 2. Cor. 3.
Gesetz wircket zorn. Aber die Verhei= Rom. 4.
schung der Gnaden / weyl sie vnuer=
dinglich das ewige Leben fürtregt /
vnd darreicht / wircket sie Trost vnd
Leben / vnnd gibt den heiligen Geyst:
Dieser vnterscheit wirdt mit allem fleis
angezeigt / beyde im Alten vnd Newen
Testament. Als das Gesetz ist durch
Moisen gegeben: Die gnade vnd war= Joha. 1
heit durch Jhesum Christum worden.
Item / Moises schreibt von der Ge= Rom.10.
rechtigkeyt / die aus dem Gesetz kompt.
Welcher Mensch die thut / der wirdt
darinnen Leben. Aber die Gerechtig= Levit.27.
keyt aus dem Glauben spricht also / Deu. 30.
Das Wort ist dir nahe in deinem mun=
de/

de/vnd in deinem Hertzen/ Dis ist das
Wort vom Glauben/ das wir predi≠
gen.

So ist nun dis die besondere/ vnter≠
schiedene Lehre des Euangelij/ Nem≠
lich/ Das Gott der ewige Vater/ den
Jammer vnd verderb/ des verlornen
Menschlichen Geschlechts/mit Barm≠
hertzigkeyt angesehen/ seinen eingebor≠
nen Sohn Jhesum Christum zum ver≠
sühner vnd mitler gesetzt/ vnd vmb sei≠
nes gehorsams willen allen Menschen
anbeut/ vnd darreicht vergebung der
Sünden/ vnd ewigs Leben/ ohn allen
verdienst/Allen so an den Namen Jhe≠
su Christi gleuben.

Diesen inhalt des Euangelij/ fasset
der Apostel Petrus mit diesen worten:
Acto.10. Diesem Jhesu geben zeugnis alle Pro≠
pheten/ das in seinem Namen verge≠
bung der Sünden empfahen/ alle die
an seinen Namen gleuben.

Wider diese heylsame/ hochnötige
vnd in Gottes Wort gegründte Lehre/
fichtet vnd lestert die Synagoga des
Anti≠

Antichrist/ vnd hauffe der München.
Das einerley meinung vnd verstandt/
sey beyde des Gesetzes vnd Euangelij.
Nur das im Euangelio etliche höhere
Gesetze sollen gegeben sein/ vnd besondere Räth von volnkommenheyt. Item/
Sie tichtet das dreyerley Gesetz seindt/
Ein Natürlichs/ Ein Mosaisch/ vnd
ein Euangelisch. Vnd treumet/ das
die Ertzvetter durchs Gesetz der Naturn
sein Selig worden. Die Kinder Js-
rael durchs Gesetz Moisis/ Wir aber
im newen Testament müssen durch das
Euangelisch Gesetz gerecht werden. Die
sind grausame lesterliche Irthumen/ die
das Euangelium von vergebung der
Sünden/ gantz vertunckeln vnd begra-
ben/ die Artzney der Seelen/ in eitel
Gifft verendern/ vnd den armen Ge-
wissen/ allen trost von vergebung der
Sünden nemen.

Zur beschönigung aber dieses lesterlichen Irthumbs/ brauchen sie gemei-
niglich das Fünfft Capitel Matthei/
In welchem Christus das Gesetz wider-
holet vnd erklert. Von den Papisten
aber

aber so verklerlich gedeutet wirdt/ als solte Christus newe vnd bessere Gesetz/ denn Moises den Christen aufferlegt haben/ vnd die Seligkeyt auff den verdienst der Werck gesetzt/ etc.

Aber also wirdt jnen gründtlich geantwortet/ Christus führet keine Gesetz/ noch Gebot/ Matthei am 5. Cap. Sondern widerlegt den falschen verstandt des Gesetzes/ den die Phariseer dem Moisi antichteten/ vnd zeigt wie Gottes Gesetz Geistlich ist/ vnd einen Geistlichen volkommenen gehorsam/ von vns fodert/ Vnd das er nicht kommen sey/ das Gesetz auffzulösen/ sondern an vnser stadt zuuolnbringen. Vnd Lehret in diesem Capitel/ mit welchen guten Wercken/ die Christen/ so durch den Glauben gerecht worden sind/ jhren beruff zieren/ vñ Gott dienen sollen. Wie aber der Mensch zu vergebung der sünden/ vnd zur Seligkeyt komme/ vnd wie die verheischung des Euangelij zu verstehen sey/ lehret Christus
an andern örtern/ als
Matthei am 11.
Johan. 3.

Vom

VIII.
Vom Ampt Jesu Christi vnsers einigen Mitlers.

KEin ander Grundt kan gelegt werden / wie Paulus zeuget / denn der gelegt ist Jhesus Christus. Auff diesem Eckstein vnd Felsen / mus das gantze Gebew des Glaubens gerichtet werden. Derhalben helt die Gemeine Gottes fest ob diesem Artickel/vnd bekennet / das Jhesus Christus der eingeborne Sohn Gottes/ von Gott seinem ewigen Vater zum König/ Hohenpriester / Versühner/ Gnadenstuel/zum Vorbitter/vnd Mitler/zum einigen Heylandt vnd Seligmacher der gantzen Welt gegeben vnd gesetzt sey/vnd das Gott von wegen seines Opffers / das ist von wegen seines Leydens vnd Sterbens/vnd gantzen gehorsams / allen die zu diesem Mitler jre zuflucht haben / wolle gnedig sein / die Sünde vergeben / vnd zum ewigen Leben auffnemen.

1. Cor. 3

Vnd

Vnd ist dis bekentnis vnd Lehre ge=
Joha.1. gründet in diesen Sprüchen. Sihe
Mat.20. das ist Gottes Lamb / das der Welt
Rom.3. Sünde tregt. Item / Des Menschen
Sohn ist kommen/ nicht das er jhm die=
nen lasse/ sondern das er sein Lebē gebe/
zur bezalung für viele. Item / Welchen
Gott gesetzt hat zum Gnadenstuel / in
2.Cor.5. seinem Blut etc. Item/ Gott hat den/
der von keiner Sündē wüste/ zur Sün=
den gemacht / auff das wir die Gerech=
tigkeyt in jm hetten / die für Gott gilt/
psal.2. etc. Item/ Ich habe meinen König ge=
setzt / auff meinen heiligen Berg Zion.
Demnach bekennet / vnd gleubet die
Gemeine Gottes / Das Jhesus Chri=
stus der einige Mitler sey / vnd das kein
Act.4. ander Name den Menschen gegeben
sey / dadurch wir Selig werden / denn
der Name Jhesu Christi.

Wider diese heylsame / Göttliche
Seligmachende warheyt / fluchet vnd
lestert die Antichristische / Römische
Rotte / Vnd gibt für / Jhesus Christus
habe nicht für alle Sünde der Men=
schen bezalet / vnd genug gethan / son=
dern

dern nur für die Erbsünde / oder für die Sünde / so für der Tauffe begangen sindt/ für die wirckliche Sünde / oder die nach der Tauffe geschehen / müsse der Mensch mit eignen wercken genug thun oder bezalen / vnd also sein selbst Heylandt vnd Mitler sein. Andere tichten / Christus sey wol fürnemlich vnser Mitler vorbitter vnd Versühner. Aber doch müsse der Mensch auch etwas darzu thun / das seine Sünde volkömlich bezalt werden / vnd Gottes zorn gentzlich gestillet.

Auch lestern die Pebstlichen / das Jhesus Christus nicht alleine sey der einige Mitler / vnd Heylandt der Welt/ Isaie 63. der die Kelter allein habe getretten / Sondern setzen neben jhm / auff seinen Thron / auch verstorbene Menschen / als die Jungfrawe Mariam / Johannem den Teuffer / Petrum / Paulum / die Aposteln vnd Merterern / gleich als hetten die verstorbenen Heyligen jhr Blut / zur bezalung für vnsere Sünde gegeben / welchs eine schreckliche Lesterung ist. Wie nun die Antichristische

E   Rotte

Rotte des Teuffels / Christi ampt vnd ehre / den verstorbenen Menschen zueignet / also hebt sie Christum von seinem Königlichen Stuel / helt jhn nicht für einen Mitler vnd Heylandt / sondern machet aus jhm einen gestrengen Richter / der die Sünder / so kein eigen verdienst haben verdammen wolle / vnd tichten / Christus sey dazu von Gott in die Welt gesand / das er noch mehr Gesetz / denn Moises gelert / der Welt solte fürstellen / vnd also die Sünde für Gottes angesicht grösser machen. Denn solche Lesterung führet das Conciliabulum zu Trident. Si quis dixerit, Christum Iesum à Deo hominibus datum fuisse, vt redemptorem, cui fidant, non etiam vt legislatorem, cui obediant, Anathema sit, wer da saget / das Jhesus Christus von Gott den Menschen gegeben sey / als ein Erlöser / dem sie trawen / nicht aber auch als ein Gesetzgeber / dem sie gehorchen sollen / der sey Verflucht / das aber der HERR Christus nicht allein ein Erlöser / sondern auch ein Gesetzgeber sey / wollen sie erzwingen aus dem 5. Capitel Matthei. Darauff ist droben zur notturfft geant-

geantwortet. Das sie jhre falsche hoff=
nung auff der verstorbenen Heyligen
verdienst setzen / des wollen sie befugt
sein aus dem Spruch Pauli. Nu frewe   Coloſ. 1
ich mich in meinem Leyden / das ich
für euch Leide / vnd erstatte an meinem
Fleische / was noch mangelt an trüb=
saln in Christo für seinen Leib / welcher
ist die gemeine: Aus diesem Spruch
wollen sie schliessen / das Paulus für die
gemeine Gottes gelitten habe / vnd das
sein Leyden vns dienen müge zur beza=
lung vnser Sünden / vnd also auch an=
derer heiligen.

    Darauff aber ist also zu antworten.
Paulus sagt nicht / das sein Leyden
geschehen sey / zur Bezalung für vnse=
re Sünde / oder Gott dadurch zuuer=
sühnen / denn es were eine grausame
Gotteslesterung / sintemal JHEsus
Christus allein ist die versühnung für   1. Joh. 2
vnsere / vnd der gantzen welt Sünde.
Vnd Paulus wehret selbst / das man jm
seine Wort also verkerlich nicht deuten
sol / da er zun Corinth. schreibet / Ist   1. Cor. 1
denn Paulus für euch Gecreutziget?
          E ij   Oder

Oder ſeydt jhr in Pauli Namen Ge=
taufft? Darumb iſt viel mehr das die
meinung der Wort Pauli zun Coloſ=
ſern. Jch leide für euch / das iſt / das
ewer Glaube durch mein Leyden ge=
ſterckt werde / vnd jhr bekennet / das ich
nicht vmb zeitliche wolfart das Euan=
gelium gepredigt / auch das jr nach mei=
nem Exempel euch zum Creutz vnd Ley=
den ſchicket / vnd lernet / wie alle die in
Chriſto Jheſu Gottſelig wandeln wol=
len / Verfolgung müſſen leyden / denn
ich erſtatte was noch mangelt am Ley=
den in Chriſto / etc. Das iſt / ich mus
im Creutz / neben andern Gliedern dem
Heupt Jheſu Chriſto ehnlich werden /
auff das nicht allein das Heupt der
Chriſtenheyt / ſondern auch der gantze
Leib hie auff Erden Gecreutziget / vnd
alſo in die Herrligkeyt eingehe. Da=
rumb mus ein Chriſt die vnterſchied
wiſſen vnd behalten / zwiſchen dem Ley=
den Chriſti / welchs ein Sündopffer vnd
bezalung iſt für vnſere Sünde: Vnd
zwiſchen dem Leyden der Heiligen / wel=
ches ein Danckopffer vnd ſüſſer Geruch
des HErren iſt / vnd dazu dienet / das
Gott

Gott dadurch gepreiset / vnd die Gemeine Gottes im Glauben gestercket werde.

IX.

Von vergebung der Sünden / vnd wie der Mensch für Gott gerecht vnd Selig werde.

Gottes Gemeine folget vnd gleubet der Lehre des Apostels Pauli / welcher außdrücklich Leret / das der Mensch vergebung der Sünden empfahe / für Gott Gerecht / From vnd Selig werde / ohn verdienst / vnd ohn eigne gute wercke / oder wirdigkeyt / aus lauter Gnaden / vnd Barmhertzigkeyt Gottes / vmb des Mitlers Jhesu Christi willen / welchen Gott verordnet hat / zum Opffer für vns / vnd zum Gnadenstuel / allein durch den Glauben an seinen Namen / Denn das wir ohn verdienst / vnd Wercken des Gesetzes / aus gnaden Gerecht werden /

Rom. 3.

E iij bezeu-

beʒeuget Paulus mit diesen wortē / Auff
das aller Mundt verstopffet werde/ vnd
alle Welt Gott schüldig sey / darumb
dz kein fleisch/ durch des Gesetzes werck/
für jhm gerecht sein mag. Item / Sie
sindt alzumal Sünder / vnd mangelt
des rhums / den sie an Gott haben sol-
ten/ vnd werden ohne verdienst gerecht
aus seiner gnaden/ durch die Erlösung/
so durch Jhesu Christo geschehen ist /
welchen Gott hat fürgestellet/ zu einem
Gnadenstuel/ durch den Glauben in sei-
Rom. 3. nem Blut. Item/ So halten wir es nu/
das der Mensch gerecht werde / ohn des
Gesetzes werck/ alleine durch den Glauben. So nun hie die Pebstlichen fürgeben wolten / Paulus rede von Kir-
chensatzungen / vnd Moises Policey-
ordnung / ist zu wissen / das Paulus
Rede vom gantzen Gesetz/ fürnemlich
von den zehen Geboten / denn zuuor
spricht er / durchs Gesetz kompt erkentnis der Sünden / welchs von den zehen Geboten mus verstanden werden.
Gal. 2. Item / Wir wissen/ das der Mensch
durch des Gestzes Werck nicht gerecht wirdt / Sondern durch den
Glauben

Glauben an JHESVM Christum.
Item / Denn aus gnaden seidt jhr Se‑ **Eph. 2**
lig worden / durch den Glauben / vnd
daſſelbige nicht aus euch / GOttes gabe
iſts / nicht aus den Wercken / auff das
ſich nicht jemandt rhüme. Item / Alſo **Joha. 3**
hat GOTT die Welt geliebet / das
er ſeinen eingebornen Sohn gab / Auff
das alle die / an jhn gleuben / nicht verlo‑
ren werden / ſondern das ewige Leben
haben. Item / Wer an den Sohn gleu‑ **Joha. 3.**
bet / der hat das ewige Leben. Item
von dieſem Chriſto / zeugen alle Pro‑ **Acto. 10.**
pheten / das in ſeinem Namen verge‑
bung der Sünden empfahen / alle die an
ſeinen Namen gleuben.

 Hiewider tichtet vnnd leſtert die
Römiſche Pebſtliche Synagoga / vnd
beuoraus das leſterliche Conciliabulum
zu Trident / führen mancherley Jr‑
thumb / *de merito congrui vel condigni*. Item
Das wir durch Rew / Beicht / Genug‑
thuung / durch Meſſe hören / Almu‑
ſen geben / Walfarten / Cloſterle‑
ben / vnnd dergleichen verdienen
vergebung der Sünden / vnnd das
     E iiij ewige

ewige Leben. Etliche sagen / Christus habe allein vor die Erbsünde bezalet. Etliche sagen / Christus mache vns fürnemlich Gerecht. Etliche sagen vmb Christi willen werden alle Sünden aus Gnaden vergeben / Aber das wir Gerecht werden / müsse durch vnsern gehorsam geschehen. Aber aller Pebstlichen Irthumen in diesem Artickel ist dis die Summa. Nemlich / das der Mensch nicht allein durch den Glauben an Christum aus gnaden Gerecht werde. Sondern das der Mensch von wegen seines gehorsams / vnd guter Werck erlange vergebung der Sünden / vnd sey für Gott gerecht / from / vnd angenem zum ewigen Leben. Dieser grober Irthumb vnd Lesterung / die Jhesu Christo seine Ehr niemet / vnd aller Menschen Seligkeyt in Verzweiffelung setzet / Ja gentzlich versperret / setzen die Verfürische Bischouen in jhren Abgöttischen lesterlichen Decretis des Tridentischen Concilij / deñ dis sind die Wort.

Sess. 5.
Cap. 7.

Iustificatio non est sola remißio peccatorum, sed et sanctificatio, & Renouatio interioris hominis, per voluntariam susceptionem gratiæ, & donorum,

vnde

vnde homo ex iniusto sit iustus. Die rechtfertigung ist nicht allein vergebung der Sünden/sondern auch die Heiligung vnd Ernewerung des inwendigen menschens/durch die freywillige annemung der Gnaden vnd Gaben/daher der Mensch aus einem Vngerechten Gerecht wirdt. Hie machen die Verfürer zwey theil vnser Gerechtigkeit/nemlich vergebung der Sünden. Vnd zum andern die newigkeyt des innerlichen Menschen/der durch seinen freyen willen Gottes gnad vnd gaben anneme.

Also lestern sie auch im Cano: 9. Si quis dixerit sola fide impium iustificari ita vt intelligat, nihil aliud requiri, quod ad Iustificationis gratiā consequendā cooperetur, & nulla ex parte necesse esse, eum suæ voluntatis motu cooperari atq; disponi, Anathema sit. Item, si quis dixerit homines iustificari, vel sola imputatione iustitiæ Christi, vel sola remißione peccatorum, exclusa gratia & charitate quæ in cordibus eorum per spiritum sanctum diffundatur, atq; illis in hæreat: aut etiam gratiam, qua iustificamur, esse tantum fauorem Dei. Anathema sit:

Hie sagen vnd schreiben die Verfluchten lesterliche Rottenköpff/das

E v wer

wer da Lehret / das wir allein durch den Glauben an Christum Gerecht werden. Item / Das wir allein durch die gnedige zurechnung der Gerechtigkeyt Christi / vnd nicht durch die Liebe / die in des Menschen Hertz gegossen wirdt / Gerecht vnnd Selig werden. Item / Das die gnade / dadurch wir Selig werden / nichts anders sey / denn Gottes hulde / vnd gnediger wille gegen vns / der solle Verflucht sein. Aus welcher Teufflischer lesterung offenbar / das sie jhre Seligkeyt vnd gerechtigkeyt für Gott / nicht auff Gottes gnade / vnd Christi verdienst / sondern auff jhre heiligkeyt / liebe Gottes / newes leben vnd verdienst setzen.

Das nun diese Verführische Lehr stracks wider Gottes wort / vnnd zu verkleinerung der ehre Christi / vnd verhinderung aller Leut seligkeyt vom Teuffel ertichtet sey / ist aus den Sprüchen Pauli / Christi / vnnd anderer so wir oben gesetzt klar vnd deutlich zuuernemen.

Nach

Nach dem aber die Verführer zur beschönigung jhrer Gottslesterung mit gewalt herzu ziehen / vnd verkehrlich vnd freuentlich etliche Sprüche der Schrifft deuten / wollen wir auffs kürtzest jhnen darauff antworten / vnd den Christlichen Leser erinnern / wie böslich vnsere Widerpart mit der Schrifft vmbgehe.

Jhr erster Vngrundt ist der Spruch Jacobi / etc. Ist nicht Abraham vnser Vater durch die Werck gerecht worden/ da er seinen Sohn Isaac opffert?

1. Argt.
1. Jac. 2.

Antwort / Jacob redet nicht von der Rechtfertigung / die für Gott gilt/ sondern von der/ die für den menschen/ vnd für der Kirchen geschihet / denn er spricht / zeige mir deinen Glauben mit deinen Wercken / so wil ich dir meinen Glauben zeigen mit meinen Wercken/ damit er zuuerstehen gibt / das er rede von der Rechtfertigung die für den Menschen geschiehet / vnd nicht von der/ die für Gott geschiehet: dauon Paulus handelt vnd spricht / Ist Abraham Rom. 4.

durch

durch die werck Gerecht worden/ so hat er wol rhum/ aber nicht für Gott. Hie bezeuget Paulus / Abraham sey für Gott nicht gerecht worden / durch die Werck / sondern durch den Glauben.

Gal. 3. So nun jemandt mit dieser warhafftigen vnd gegründeten erklerung / die Jacobi Epistel selbst gibt / nicht zu frieden ist / dem kan man mit fug fürhalten / das die Epistel Jacobi keines Apostels Schrifft ist/ wie das Lutherus in der Vorrede gnugsam beweiset.

2. Argt.

1. Cor. 13. Ihr ander Vngrundt ist dieser. Die gröste Tugend machet den Menschen am meisten Gerecht / Die liebe ist die gröste Tugendt / Nun aber bleibt Glaube/ Hoffnung/ liebe diese drey/ Aber die liebe ist die gröste vnter jhnen/ So mus ja die Liebe den Menschen am meisten gerecht machen.

Antwort/ Nach dem Gesetz zu reden/ ists war/ das die gröste tugendt am meisten gerecht mache/ vnd das die liebe alle Tugendt in sich fasse. Aber nach dem Euangelio zu reden / ist der Spruch falsch/

falsch / denn da machet keine Tugendt
gerecht / weder grosse noch kleine / sondern allein Gottes Barmhertzigkeyt /
vnd das verdienst Jhesu Christi machet
gerecht / vnd nicht vnsere tugenden.
Vnd wann man gleich nach dem Gesetz
also redet/das die Liebe als die gröste tugendt am meisten gerecht mache/ so kan
doch der Mensch dadurch nicht Gerecht
werden / denn der Mensch hat die volkommene liebe nicht / derwegen mus Joh.3.
man aus dem heyligen Euangelio ler-
nen/wie der Mensch selig / vnd gerecht
werde / nemlich / Wer an den Sohn
gleubet/der hat das ewige Leben.

Jhr dritte Vngrund ist/Wiltu zum 3. Argt.
Leben eingehen/so halt die Gebot. Hie Mat.19.
zeuget der HErr Christus selbst / das
wer da wolle Selig werden/ der solle die
Gebot halten.

Antwort / Christus hatte da selbst
einen Heuchler für sich / der jhm treu-
men lies / er were bereit schon Heilig/
wie er hernach saget / Das alles hab ich
von meiner Jugendt auff gehalten. Darumb

rumb mus jhm Christus zuuor seinen
mängel anzeigen/vnd spricht/ Er solle
die Gebot halten/da er aber sich bedün-
cken lest/ er habe sie schon verrichtet/
zeiget jhm Christus/ wie weit er noch
dauon sey/sintemal er Gelt vnd Gut so
lieb hat/ das er lieber Christum verlest/
denn seinen Reichthumb/derwegen mus
man alhie sehen/ welchen Zuhörer hie
Christus gehabt. Vnd ist doch auch
jn allweg war/das/wer da wolle Selig
werden/ der müsse vnd solle die Gebot
halten/ weyl wir aber dieselbige nicht
halten/ noch halten können/ so folget/
das wir alle von wegen der Sünden
verdampt sindt.

Da mus man nun hie weiter fra-
gen. Dieweyl wir dann vom Gesetz
verflucht/ vnd von wegen vnser Sünden verdampt sind/vnd den volkommenen gehorsam/ denn das Gesetz fodert/
das wir dadurch lebten/ nicht können
verrichten/ wie wir von solchem Jammer erret/ vnd Selig werden mögen/
hie kan vns das Gesetz nicht weiter führen noch weisen/sondern die verheissung
des Euangelij thut dauon bericht/ vnd
meldet/

meldet / das Gott seinen eingebornen Sohn / aus grosser grundtloser liebe in die Welt gesandt habe / jhn zum Opffer vnd Heyland gesetzt / vnd jhn für vnsere Sünde / als das Lemlin Gottes sterben lassen / vnd wolle jhn von wegen seines Sohns Jhesu Christi willen / allen die an seinen Namen gleuben / die Sünde vergeben / sie zu gnaden auffnemē / gerecht vnd ewig Selig machen / laut des spruchs. Also hat Gott die welt geliebet / Joha. ŋ das er seinen eingebornen Sohn gab / Auff das alle / die an jhn gleuben / nicht verloren werden / sondern das ewige Leben haben. So mercke nun allhie der Christliche Leser / diese gantz nötige vnd in Gottes wort gegründte Regel. Weit vnterschiedene Lehre sindt es das Gesetz vnd Euangelium / das Gesetz zeiget / was wir schüldig sindt / Lehret aber nicht / wie wir Gerecht vnnd Selig werden. Das Euangelium aber verkündigt allein / wie der Mensch gerecht vnd Selig werde. Nemlich aus gnaden / ohn vnsern verdienst / vmb des HERren Jhesu Christi willen / durch den Glauben an die verheissung Gottes

tes. Darumb müssen alle Sprüche des Gesetzes aus vnd nach dem Euangelio verstanden werden / als das Wort des Gesetzes/ Thu das/ so wirstu Leben/ Ist also nach dem Euangelio zu deuten vnd zuuerstehen. Gott fodert von dir volkommenen gehorsam / nach allen seinen Gebotten / vnd verheischet dir das ewige Leben/ so ferne du dieselbe haltest/ Nach dem es aber dir gantz vnmüglich die Gebot zu halten/ vnd Gott von hertzen vber alle ding zu lieben / so bekenne deine schwachheit / fürchte Gottes Gericht / vnd flihe zum Gnadenstuel Jhesu Christi / welcher an deine vnd aller Menschen stadt das Gesetz hat erfüllet/ vnd für die Sünde bezalet/ auff das wer an jhn gleubet / für Gott gerecht werde/ nicht weniger, denn als hette er selbst volkömlich alle Gebot gehalten/ das die wort/ Thue das/ nach dem Euangelio/ so viel heissen/ als Gleube an Jhesum Christum/ der es für dich gethan / vñ dir seinen gehorsam vnd Gerechtigkeyt schencken wil. Diese antwort gehört auff alle Sprüche des Gesetzes.

Zum

Zum vierden Vngrund / seiner Le‑ 4. Regt.
sterung / legt der Antichrist mit seinem Luc. 7.
hauffen den Spruch / Ir sindt viel Sün‑
den vergeben / denn sie hat viel geliebet /
daraus schliessen die Pebstlichen / die
Sünde werde vmb der liebe willen ver‑
geben / vnd die liebe sey eine vrsach der
versühnung bey Gott.

Antwort. Christus sagt nicht / das
die Liebe ein vrsach sey / der vergebung
der Sünden / vnd die solchs verdienet
habe / Sondern / er wils mit der Liebe
als mit einem zeugnis beweisen / das jhr
viel Sünden vergeben sindt / wie solchs
aus der gantzen gleichnis zu sehen / denn
Simon bekennet / das / welchem am mei‑
sten geschenckt wirdt / der liebe am mei‑
sten / so mus die liebe auff das geschenckt
folgen / vnd nicht ein verdienst oder vr‑
sache sein. Also folget auch die liebe zu
Gott / wenn wir die vergebung der
Sünden empfangen haben / vnd ist al‑
so vnser liebe ein zeugnis vnd frucht / der
grossen gnaden / die vns widerfahren ist.
Wenn ich also spreche / Der Mensch
ist gantz hefftig Kranck / denn er ist gantz
F bleich /

bleich / isset nichts vnd mag kaumb reden. Hie wil ich nicht / das die bleiche Farb / vnd das man kaum reden mag / ein vrsach sey der Kranckheyt / sondern wirdt angezogen / als ein gewis zeugnis / daraus zubeweisen ist / das der Mensch Kranck sey. Oder wenn einer spreche / das mus ein guter Baum sein / denn er tregt gute öpffel. Die Sonne mus auffgangen sein / denn es ist heller Tag. Hie ist niemandts so grob / der da dencke / die öpffel sein ein vrsach / das der Baum gut sey / oder der helle schein des Tages / sey eine vrsach / das die Sonne sey auffgangen / sondern jederman verstehet / vnd bekennet das widerspiel. Also ists hie auch mit der liebe der Sünderin / das aber dem Weibe die Sünden vergeben seind / nicht vmb ihrer Liebe / sondern durch den Glauben / zeuget CHRIstus selbst / Dein glaube hat dir geholffen / gehe hin mit frieden.

Ihr Fünffter vngrundt ist / Die Schrifft nennet das ewige Leben einen

hen Lohn / als / Ewr lohn ist gros im
Himmel. Item / Matth. 10. Non perdet
mercedem, Matth. 20. Gibt jhnen den
lohn / So nun das ewige Leben ein lohn
ist / so mus es auch aus verdienst der
Werck / vnd nicht allein aus gnaden ge=
geben werden.

Antwort. Das ewige Leben ist ei=
ne belohnung aller guter Werck / die im
Glauben geschehen. Wer auch einem Mat. 10.
einen Trunck kaltes Wassers gibt / im
Namen Jhesu Christi / der wird seinen
Lohn dafür haben. Vnd offenbar ists /
das die Gottseligkeyt / vnnd alle gute
Werck herrliche verheissung haben
von vielen Gütern / beyde zeitlichen vnd
ewigen / Leiblichen vnnd Geistlichen /
Wie Paulus sagt. Die Gottseligkeyt 1. Tim. 4.
hat die verheissung beyde dieses vnd je=
nes Lebens. Aber daraus folget nicht /
Daß das ewige Leben vmb vnser Wer=
cken willen gegeben werde. Denn der
Schatz ist zu gros / vnd wirdt allein aus
gnaden gegeben vnd geschenckt / denn
aus genaden seidt jhr Selig worden.

F ij

Ephe. 2. Ist aber zu gleich ein solch gros vberschwencklich gut / das alle gute Werck auffs reichlichste / Hundertfeltig vnd Tausentfeltig belohnet. Als zum Exempel. Das ein Sohn seines Vaters Gut erbet / das hat er nicht / aus verdienst / oder von wegen seines grossen gehorsams / sondern daher / das er vom Vater geboren ist. Denn wenn er gleich stets Kranck lege / oder weit von den Eltern were / vnd den aller geringsten dienst nicht leistete / so were er doch gleichwol Erbe. Da er aber et was den Eltern dienet / wird jhm solchs durch die Erbschafft / so jhm ohn verdienst widerfehret / reichlich belohnet. Also ists auch hie mit dem ewigen Leben / welchs wir daher haben / das wir durch den Glauben Gottes Kinder seindt / vnd sol doch solchs ewigs Leben / alle gute Wercke / der Kinder Gottes / mit ewiger Herrligkeit / auffs reichlichste belohnen.

6. Argt. Ihr sechster Vngrundt ist. Der glaub
Jacob 2. ohn Wercke ist todt / wie ein Leib ohn Geist.

Geist. Darumb ist vnmüglich/das der Glaube ohn wercke gerecht mache.

Antwort. Jacobus redet nicht von rechtschaffenem lebendigem Seligmachenden Glauben/ Denn aus demselben folgen allezeit gute Früchte/ vnd ist vnmüglich/ das aus dem rechten Glauben nicht solten gute Wercken folgen. Gleich wie das helle Liecht/ vnnd der schein nicht kan aussen bleiben/ wenn die Sonne auffgehet. Oder wie die Hitze nicht kan aussen bleiben/ wann Fewr da ist. Sondern vom falschem Heuchlischem/ Historischem/ vnd wie jhn Jacobus nennet/vom todten Glauben redet er/ der etwa die Artickel des Glaubens weis/ vnd verstehet/ aber nicht annimpt/ vnd aus welchem keine gute Früchte folgen. Paulus aber redet von einem andern Glauben/ da er lehret/ das wir alleine durch den Glauben gerecht werden/ welcher/ nicht ein blos wissen der Historien ist/ wie auch die Teuffel die Historiam von Christo wissen/ vnd in jhrem Hertzen müssen für warr halten / Sondern ist eine lebendige zuuersicht / vnd vertrawen auff Gottes Barmhertzigkeyt / in Christo Jhesu verheischen / durch welch vertrawen der Mensch erlanget vergebung der Sünden/ vnd den Heiligen Geyst/ der in widergebiert / vnd newes Leben/ vnd gute Wercke in jm schaffet.

X.

Vom Glauben.

Als einige mittel/organon vnd Werckzeug / durch welchs wir mit Gott handeln / vnd von jhm alle Güter empfangen vnd annemē/ ist der ware Seligmachende Glaube. Denn gleich wie der heilige vnnd milde Gott/ seine güter / vergebung der Sünden / Gerechtigkeit / heilig Geist/ vnd Erbschafft der ewigen Seligkeyt/ in seiner gnedigen verheischung / vnnd
heilbaren

heilbaren Sacramenten / wie mit sei=
ner handt / fürtregt / anbeut vnd dar=
reicht: Also müssen wir auff vnser sei=
ten mit dem Glauben / als mit einer
Handt / die angebotene / vnd aus Gna=
den geschenckte wolthaten CHRI=
STI annemen / vnnd vns zueignen.
Der Vnglaube stosset Gottes woltha=
ten vnnd gantzes Reich nur von sich.
So bekennet vnd Lehret nun die All=
gemeine Christliche / Catholische Kir=
che Christi / aus den Schrifften der
Propheten vnd Aposteln vnterrichtet/
Das der Seligmachende Glaube nicht
sey ein blos wissen der Historien oder
lebig erkentnis / der Lehre Christi /
oder ein selbst gefaster dunckel / vnnd
Persuasion: Sondern viel mehr Ei=
ne gewisse vnnd warhafftige zuuersicht
zu der Barmhertzigkeyt Gottes / vnd
zum verdienst Jhesu Christi / darin
der Mensch Gottes gnedige verhei=
schung / vnd die wolthaten des Reichs
Christi verstehet / die annimpt / Gott
in seinem Wort vertrawet / vnnd sich
bestendig darauff verlest / das er von

F iiij wegen

wegen des verdienst Jhesu Christi / hat be vergebung aller Sünden / die Gerechtigkeit / heilige Geist / vnd die Erbschafft des ewigen Lebens. Welch vertrawen vnd Glauben / nicht ein Werck ist / aus dem freyen willen des Menschens her fliessend: Sondern von Gott durch den heiligen Geist im Menschen angezündet. Diese Lehre bezeuget der Apostel

Rom. 4. Paulus gantz gewaltig zun Römern / Da er also spricht / vnd Abraham hat gegleubet auff hoffnung / da nichts zu hoffen war: auff das er würde ein Vater aller Heyden / wie denn zu jhm gesagt ist. Also sol dein Same sein: Vnd er ward nicht schwach im Glauben / sahe auch nicht an seinen eygen Leib / welcher schon verstorben war / weil er fast Hundert jerig war. Auch nicht den erstorbenen Leib der Sara. Denn er zweiffelt nicht an der verheischung Gottes durch vnglauben / Sondern war starck im Glauben / vnd gab Gott die ehre / vnd wuste für gewis / das / was Gott verheisset / das kan er auch thun.

Hie

Die hat der Apostel Paulus den Glauben mit lebendiger Farb abgemalet/nemlich/das er nicht ein blos erkentnis/sondern eine starcke gewisse zuuersicht sey/die sich krefftiglich auff Gottes Wort verlest/nicht schwach wirdt/ nicht zweiffelt/noch wancket/sondern stracks darauff beruhet/was GOtt geredt/vnd zugesagt hat. Also beschreibet auch Paulus die frewdigkeyt vnd gewißheit des Glaubens zun Ephesern. Durch welchen vnsern HERRN Jhesum Christum wir freudigkeyt vnd zugang haben/in aller zuuersicht durch den Glauben an jhn. Item/Der Glaube ist eine gewisse zuuersicht des/dz man hoffet/vnd nicht zweiffeln/an dem/das man nicht sihet.

Ephe. 3.

Heb. 11.

Demnach bekennet vnd lehret die Apostolische vnd Catholische Kirche/ vnd Spons Christi/das der Mensch nicht im zweiffel solle bleiben/ob er einen gnedigen Gott habe/oder nicht/ ob er vergebung der Sünden habe/oder nicht/ob er ein Kindt vnd Erbe sey der

F v Selig-

Seligkeyt oder nicht / ſondern auffs aller gewiſſeſte / vnnd ohn zweiffel ſol der Menſch ſchlieſſen / gleuben / vnd ſich darauff verlaſſen / wenn er das Wort der Gnaden annimpt / das er mit GOtt gentzlich verſühnet ſey / vergebung aller ſeiner Sünden habe / für GOtt Gerecht vnd Selig ſey / vnd der Himmel ſampt allen ewigen Gütern in angehöre.   Denn Chriſtus ſpricht / Wer an den Sohn gleubet / der hat das ewige Leben / Wer an den Sohn nicht gleubet / der iſt ſchon gerichtet / denn er gleubet nicht / an den eingebornen Sohn Gottes.

Joh. 3.

Dieſe heylſame / vnd in Gottes wort gegründte Lehre / Verfelſchet / Verleſtert / vnd Verfluchet / das Antichriſtiſche Concilium zu Trident / ſampt ihrer Pebſtlichen Rotte / Pfaffen vnd Mönchen / welche aus Einblaſen des Teuffels tichten / der Glaube ſey nur ein erkentnis der Hiſtorien vnnd Lehre CHRIſti.   Item / Der Glaube ſey nur eine gefaſte Perſuaſion / die ihm
der

der Mensch selbst machet. Item/ Der Glaube gewinne seine rechte gestalt/ Leben vnnd Krafft von der Liebe/ vnd sey ohn die Liebe gantz krafftlos. Item/ Der Mensch müsse nicht ohn allen zweiffel sich so gantz auff Gottes Wort verlassen/ vnd schliessen/ das er vergebung der Sünden habe/ vnd Gottes Kindt sey? Sondern müsse im zweiffel stehen/ ob er einen gnedigen Gott habe/ oder ob er stracks dem Teuffel angehöre. Vnd zur beschönigung dieser Lesterung wenden sie für den Spruch Jacobi. Du gleubest/ das ein einiger Jacob.4. Gott sey/ du thust wol daran/ die Teuffel gleubens auch/ vnnd zittern/ Hieraus wollen sie flechten/ der Glaube sey nur ein Erkentnis/ vnd nicht eine hertzliche zuuersicht.

Antwort der Glaube/ von dem Jacobus in seiner Episteln disputirt vnnd handelt/ ist wol nicht mehr/ denn ein blos Erkentnis/ vnnd wissenschafft/ weyl er bekent/ das auch die Teuffel solchen Glauben haben/ vnd doch zittern.

tern. Wann aber Paulus/ vnd alle
Propheten vnd Aposteln/ vom Glau=
ben reden/ durch welchen wir Gerecht
vnd Selig werden/ reden sie weit von
einem andern Glauben/ der nicht al=
lein eine wissenschafft/ sondern viel
mehr eine gewisse zuuersicht sey/die sich
auff Gottes Barmhertzigkeyt verlest/
vnd der gewissen trost im Hertzen em=
pfindet/ laut des Spruchs: So wir
denn Gerecht worden sindt/ durch den
Glauben/ so haben wir frieden mit
Gott/ durch vnsern HErrn Jhesum
Christum. Item/ Der gerechte wirdt
seines Glaubens leben. Item/Wer an
den Sohn Gottes gleubet/ der wirdt
nicht gerichtet.

Rom. 5.
Rom. 1.
Hab. 2.

Zum andern/ gantz verkerlich vnd
freuentlich deutet die Antichristische
Rotte den Spruch im Ecclesiaste Sa=
lomonis. *Nescit homo, vtrum amore an odio
dignus sit.* Der Mensch kennet nicht
weder die Liebe/ noch den Hass/ jrgend
eines/ den er für sich hat/ vnd wollen
hieraus nach jhrem vorgefasten Jr=
thumb

Eccle. 9.

thumbſchmieden / der Menſch kőndte nicht wiſſen/ ob er bey Gott in gnaden/ oder vngnaden were / ob er von Gott geliebet oder gehaſſet würde / were derhalben nötig vnd eine demut / das der Menſch im zweiffel bleibe.

Hierauff aber ſtehet alſo zu antworten / Salomon handelt an dem orth nicht von Gottes Wort / Geſetz/ oder Euangelium / ſondern von den euſſerlichen zufellen / glück vnd vnglück / wie es dem Menſchen auff Erden gehe vnd widerfahre / das es dem Gerechten gehe / wie dem Sünder / dem Gottloſen wie dem Gottfürchtigen / vnd derhalben niemands aus dem Glück oder Vnglück könne oder müge ſchlieſen / weł einen gnedigen oder vngnedigen Gott habe. Der reiche Man ſol nicht ſchlieſen / Ich bin geſund / Reich / Gewaltig / ſitz in frieden / in ehren / lebe in aller wolluſt. Darumb kan es nicht feilen / ich mus mit Gott wol dran ſein/ er mus mich lieb haben. Lazarus ſoll auch nicht alſo gedencken / weyl ich
Arm/

Arm/Nacket/Kranck/Elend/vnd von
aller Welt verlassen bin / so mus mir
GOTT feind sein/ der mir so viel pla=
ge anhenget. Denn der Mensch kan
aus Glück/vnd Vnglück nicht wissen/
ob jhn Gott liebe oder nicht. Denn
GOTT schicket seinen liebsten Kin=
dern wol gros schwer Creutz zu/ vnd ver=
birget sein Antlitz eine zeitlang vor jnen.
Auch legt GOTT alle Plage offt auff
die Gottlosen / das also fromme Gott=
selige Christen / vnd Verfluchte Gott=
lose Verechter vnter einerley Last li=
gen / vnd doch gantz vngleiche Bürde
tragen. Gott lest also offt einem Gott=
losen Buben gros Glück widerfahren/
das er Reich wirdt / Gesundt ist / vnnd
in Wollüsten lebet / wie Achitophel /
Doeg / Der Reiche Man / jhr theyl hie
auff Erden gehabt. Gott segnet auch
offt fromme Gottselige Leuthe / die in
Gottes geboten wandeln / wie Abra=
ham / Isaac / Ezechias / Daniel / Es=
ther / welche Reich vnd Gewaltig ge=
wesen. Vnd hat Gott also glück vnd
vnglück vnternander geworffen / das
niemandt

niemand draus schliessen kan/wer Gott
gefellig sey.

Nichts desto weniger aber / kan
vnd sol der Mensch aus Gottes Wort
schliessen / wie Gott gegen jhn gesinnet
sey. Denn wer wider Gottes Gebot
lebet / vnd in Sünden wider das Ge=
wissen fortfehret / wenn er gleich glück=
seliger were / denn Salomon / oder
Alexander magnus / sol er gleichwol
schliessen / das er in Gottes Vngnade
sey/denn da stehet Gottes Vrtheil/ vnd
außgedrucktes Wort / Weder die Hu=   *Cor.*
rer / noch Ehebrecher / noch Diebe/
noch Reuber / noch Lesterer / werden
Gottes Reich Erben. Item / *odisti om=
nes, qui operantur iniquitatem*, das ist / Du
hassest alle Vbeltheter. Hie entgegen
aber / Wer an Jhesum Christum gleu=
bet/vnd sein Wort annimpt/ wenn es
gleich zehenmal Armer vnnd Elender
were denn Lazarus / sol er doch schlies=
sen/ das er einen gnedigen GOtt habe/
mit jhm versühnet / aller Sünden ent=
laden / vnd zum ewigen Leben auffge=
nommen

nommen ſey. Denn das wort kan nicht liegen/ wer an den Sohn gleubet/ der hat das ewige Leben.

XI.
Von guten Wercken.

Von guten Wercken/ lehret die Gemeine Gottes/ das dis gute Werck ſindt/ die in den zehen Geboten zu thun befohlen ſindt/ vnd das wir vns nicht eigene ertichte Werck vornemen ſollen. Denn alſo ſpricht Gott/ Nach meinen Geboten ſolt jhr leben/ vnd meine Gebot ſolt jhr halten/ vnd Paulus verdampt die ſelb erwelte Geiſtligkeyt. Auch bekennet die gemeine Gottes/ das gute Werck nötig/ vnd wir ſie ſchüldig ſindt/ wie Paulus bezeuget/ So ſind wir nun ſchüldener/ nicht dem Fleiſch/ das wir nach dem Fleiſch leben: Item/ Denn wir ſinde ſein werck/ geſchaffen in Chriſto Jheſu/ zu guten Wercken.

Exo. 20.

Coloſ. 2.

Rom. 8.

Ephe. 2.

Weiter

Weiter Lehret vnd bekennet die gemeine Gottes/ das die gute Werck nicht geschehen können/ denn aus vnd durch den Glauben. Auch das sie Gott nicht gefallen/ denn durch den Mitler Jhesum Christum/ welchs also Paulus vnd Petrus bekennen/ was nicht aus dem Glauben geschihet/ das ist Sünde: Rom.14. Item/ Zu opffern Geistliche Opffer/ 1.Pet.2. die Gott angenem sindt durch Jhesum Christum.

Da wider führet nun die Pebstliche Synagoga diese scheußliche Irrthumen.

Zum ersten/ Es müge jhm der Mensche ohne Gottes wort vnd befehl selbst/ aus guter andacht gute Werck ertichten vnd erwehlen/ die Gott sollen gefallen. 1.

Zum andern/ Es könne der Mensch noch heiliger Werck thun / denn in den zehen Geboten beschrieben/daher sie jhr garstiges Closterleben/ den standt der volkom= 2.

volkommenheyt nennen/ gleich als wer
der verfluchte Mensch heiliger vnd weiser/ denn Gott selbst.

3. Zum dritten/ Das die gute Werck
zur Seligkeyt nötig/ vnd ein verdienst
sein der Seligkeyt/ vnd des ewigen Lebens/ vnd aller ding die Gerechtigkeyt/
die für Gott gilt.

Diesen groben lesterlichen Lügen/
geben sie diesen schein.

1. Zum ersten/ führen sie den Spruch
Christi/ Wenn der Geyst der warheit
Joha.14. kommen wirdt/ der wirdt euch in alle
Warheyt leiten/ hierauß folgeren sie/
Es habe der heilige Geyst viel offenbaret der Gemeine Gottes/ das in Gottes
wort nicht begriffen sey/ habe auch der
Kirchen macht gegeben/ newe Werck
vnd Gottesdienst zu erwehlen.

Aber das solche folge falsch vnnd
nichtig sey/ ist aus dem offenbar/ das
sich Christus selbst erklert. Er wirdt
nicht

nicht von ihm selbst Reden / sondern
was er hören wirdt / das wirdt er Re=
den. Item / Derselbige Geyst wird euch
alles des erinnern / das ich euch gesagt
habe. Das aber die Gemeine Gottes
nicht macht habe newe Gottesdienst
vnd wercke zu erwehlen / bezeuget Chri=
stus, Vergebens dienen sie mir/dieweyl Mat. 15
sie solche Lehre lehren / die nichts denn
Menschen Gebot seindt.

Der ander schein ist dieser / Christus
machet einen vnterscheide zwischen den
Geboten vnd Räthen. Es ist den Alten
gesagt / Du solt nicht tödten / aber ich sa=
ge euch / etc.

Antwort. Es ist eine schentliche ver=
felschung der Wort Christi / wer es also
deutet / Christus sagt nicht / das es Rä=
the seindt / die man thun / oder lassen mö=
ge / Sondern erklert den rechten Geist=
lichen verstandt / der zehen Gebot / vnd
straffet die Phariseer / das sie allein
die eusserliche zucht / aus den zehen Ge=
boten haben gelehret / vnnd ist nicht

G ij   ein

ein Rath / sondern ein ernstliches Göttlichs Gebot / das man nicht sol Zürnen / nicht vnzüchtige gedancken oder geberde haben. Das die gute Werck nicht nötig sindt zur Seligkeyt / erscheint klar genug aus dem 9. Artickel / von der Rechtfertigung des Menschens.

XII.

Von der Busse.

IN der gemeine Gottes Lehren vnd bekennen wir / das die Christliche selige Busse oder bekerung stehe in diesen zweien stücken / als Erstlich in der waren Rew / vnd zum andern im Glauben. Von der Rew Lehren wir / das der Mensch nach der Lehre des Gesetzes / seine Sünde für Gott bekennen / jhm lassen leidt sein / vnd ware Rechtschaffene Rew habe solle: Daß so lang der Mensch die Sünde noch liebet / kan er nicht Busse thun: Solche Rew

Rew aber wircket der Geyſt Gottes/ durch das Ampt des Geſetzes/ Wie Paulus bezeuget. Durchs Geſetz kompt erkentnis der Sünden. Item/ Das Geſetz iſt ein Ampt der verdamnis.

Rom. 3.
2. Cor. 3.

Wenn aber nun der Menſche ſeine Sünde vnd Gottes zorn fühlet/ vnd das verdampnis nach dem Geſetze fürchtet/ ſol er nicht in ſolchem ſchmertzen/ vnd hertzenleidt ligen bleiben/ Sondern den verordenten vnd von Gott gegebenen Heylandt/ vnd Mitler anſehen/ mit rechtem Glauben vnd zuuerſicht/ die verheiſchung des Euangelij annemen/ vnd gewis nach Gottes Wort ſchlieſſen/ das ihm von wegen des Verdienſts Jheſu Chriſti/ aus gnaden vmb ſonſt vnd ohn verdienſt/ die Sünden vergeben werden/ vnd das ihm Gott den heiligen Geyſt wolle geben/ der in ihm/ ein heiligs/ Gott wolgefellige Leben ſoll anfahen/ Wie denn die gantze Schrifft der Sprüche/ ſo vns zum Glaubē vermanen vñ reitzen/ vol ſind/ Kompt her zu mir alle die ihr müheſelig

Mat. 11.

vnd

vnd beladen seid/ ich wil euch erquicken.
Joha. 3. Item/ Wer an den Sohn gleubet/ der
Joha. 3. hat das ewige Leben. Item/ Auff das
alle die an jhn Gleuben/ nicht verloren
werden/ sondern das Ewige Leben ha=
Ezech. 33. ben. Item/ So war als ich Lebe/
wil ich nicht den Todt des Sünders/
sondern das er sich bekere vnnd Lebe.
Das in diesen zweien stücken die Christ=
liche Busse vnnd Bekerung stehe/ wie
sie alle Propheten vnnd Aposteln Ge=
predigt haben / ist offenbar aus dem
Acto. 2. Spruch Petri/ thut Busse/ vnd lasse
sich ein jeglicher Tauffen/ auff den Na=
men Jhesu Christi / zu vergebung der
Sünden.

Darnach Lehret vnd bekennet auch
JESV CHRJSTJ gemei=
ne/ Das die gute Werck als rechtschaf=
fene Früchte vnd zeugnis/ der waren
Busse vnd bekerung folgen sollen: Laut
Math. 3. der wort Johannis des Teuffers. Se=
Joha. 5. het zu/ thut rechtschaffene Früchte der
busse. Item/ Sündige fort nicht mehr/
das dir nicht etwas ergers widerfare.
Dawi=

Dawider tichten vnnd Lerstern/die Abgöttische Pebstler / das drey stücke zur Busse gehören / Erstlich rew vnd leid. Zum andern/ die Beicht. Zum dritten/die gnugthuung für die Sünde. Von diesen dreien stücken führen sie die grewlichsten Lügen / vnd lesterungen/ das sich der Himmel dafür entsetzen möchte.

Erstlich tichten sie / Der Mensch könne jm selbst die Rew/ Contritionem/ oder Attritionem aus eigenen gedancken schöpffen vnd machen/ wenn er nur das Gesetz bedenckt.   1.

Zum andern tichten sie / Es müsse die Rew volkommen / vnd so gros sein/ als es die Sünden verdient haben.   2.

Zum dritten / Das solche volkommene Rew verdiene vergebung der Sünden.   3.

Darnach von der Beichte Lehren sie / Mann müsse den Beichtvetern/   4.

G iiij   oder

oder Priestern alle Sünden beichten/ vnd erzelen/ sie seindt heimlich oder öffentlich begangen/ vnd wo eine Sünde nicht würde gebeichtet/ so könne sie nicht vergeben werden.

2. Zum andern/ Das die volkommene erzehlung der Sünden für dem Beichtvater eine bezalung sey für die Sünde/ vnd erlange versühnung bey Gott.

3. Zum dritten/ Das die Beichtveter in der Ohren Beicht/ aus gewalt der Schlüssel/ als Richter da sitzen/ die Sünde zuuergeben/ oder zu binden.

1. Darnach vom dritten Stücke/ lehren sie/ man müsse durch besondere/ von dem Priester aufferlegte vnd gebotene Werck gnug thun/ vnd für die Sünde bezalen.

2. Zum andern/ das die aufferlegte genugthuung für die Sünde/ erlöse von der Ewigen vnd zeitlichen straffe.

Item/

Item / Das man durch Ablas der
aufferlegten genugthuung / könne los
werden / vnd also mit Gelt könne aus
dem hellischen Fewr/vom zorn Gottes/
von zeitlicher straffe / vns ledig vnd los
machen / welche Lügen dem Judas zu
Rom / weidlich in die Küche / vnd dem
Teuffel krefftig in die Helle getragen.

Endtlich/ dieweyl niemandt kondte 3.
wissen / wenn man genugsame Rew ge-
habt/volnkomlich gebeichtet/ vnd durch
vnsere Werck Gott hetten bezalet / sol
vnd mus der Mensch stets im zweiffel
bleiben/ob er habe vergebung der Sün-
den/ ob er mit Gott versühnet / vnd ein
Erbe der ewigen Seligkeyt sey / oder
nicht / Haben also nicht allein des glau-
bens/der in der bekerung das fürnembs-
ste ist/vergessen/vnd nachgelassen / sondern auch stracks dawider gelert / Man
solle im zweiffel bleiben / wie das lesterliche Concilium zu Trident ins Teuffels Namen beschlossen / Sessione 5.
Cano: 13. Si quis dixerit, omni homini, ad re-
missionem peccatorum assequendam, necessarium

G v   esse

esse, vt credat certo, & absq; vlla hesitatione propriæ infirmitatis & indispositionis, peccata sibi esse remissa, Anathema sit. Das ist. So jemandts saget/das einem jeden Menschen vergebung der Sünden zu erlangen nötig sey/das er gewis vnd ohn allen zweiffel eigner schwachheit/ vnnd vngeschickligkeyt gleube/ das ihm die Sünde vergeben sind/der sey verflucht. Es ist wol zu dencken/ das sie Schlupfflöcher gestellet in den worten (ohn allen zweiffel eigner schwachheit) Aber nichts desto weniger ist ihre Teufflische Lesterung offenbar/ darin sie fürgeben vnd tichten / als solte der Glaube/ der ohn zweiffel auffs aller Gewisseste sich auff Gottes Wort verlesst/ zur erlangung der vergebung der Sünden nicht nötig sein/ so doch kein ander Mittel ist auff vnser seyten/ den der gewisse Glaube/vergebung der Sünden / vnd Gerechtigkeyt zu erlangen/laut der Wort/ Der Gerechte wirdt seines Glaubens leben.

Hab. 2.

Was nun für behelff vnnd leidigen schein / die Antichristische Rotte fürbringt

bringt/ jhre vngehewre lesterliche vnd gantz Teufflische Lügen vnd Jrthumen von der Busse ein wenig zuuermenteln/ vnnd zuuerkleistern/ wollen wir kürtzlich anzeigen/ vnd jhnen darauff antworten.

Fürs erste/ wenden sie die Sprüche für/ der meinung/ als were jhre ertichte Lesterung von der Rewe darin bestetigt/ Ich sprach/ Ich wil dem HErren meine Vbertrettung bekennen/ da vergabstu mir die Missethat meiner Sünde/ Psalm. 51. Die Opffer die GOtt gefallen/ sindt ein geengster Geyst/ Ein geengstes vnd zerschlagen Hertz/ wirstu Gott nicht verachten. Item/ Zerreisset ewre Hertzen/ vnnd nicht ewre Kleider. Aus diesen vnd dergleichen Sprüchen/ schliessen die Pebstlichen/ das die Rew vergebung der Sünden verdiene. Aber wer nur ein wenig vernunfft hat/ mus bekennen/ das in diesen Sprüchen/ noch in der gantzen heiligen Schrifft/ nicht mit einer Syllaben gedacht wirdt/ das die

psal. 32

Joel. 2

Rew

Rew solle vergebung der Sünden verdienen. Dauid sagt/er habe seine Sünde bekandt / da sey sie ihm vergeben/ spricht nicht/ das sie ihm / vmb seiner Rew willen vergeben sey/ Solchs setzen die Pebstlichen mutwillig hinzu / Ein zerschlagen Hertz vnd Geist / das ist ein recht Bußfertigs Hertz. Denn Dauid redet von der gantzen Rew / auch vom Glauben / ist ein angenemes Opffer: Denn vmb Christi willen gefellet Gott ein Bußfertig vnd glaubig Hertz. Aber hie stehet nicht / das die Rew vergebung der Sünden verdiene. Eine Teufflische boßheit ists / das man dem hellen klaren Text solche Lesterung so mutwillig antichtet / wann vnsere Rew die ablegung der Sünden verdienen solte / wozu solte denn der ewige Sohn Gottes Jhesus Christus gestorben sein.

Zum andern/schmücken sie ihre Lügen mit diesem Spruch Pauli / Die Göttliche trawrigkeyt wircket zur Seligkeit eine Rew/die niemandt gerewet.
Aber

Aber baldt ist hierauff geantwortet. Paulus redet hie von der gantzen Bekerung / Nemlich von der Rew / vn̄ Glauben / Solche Göttliche vnd Geistliche trawrigkeyt vber die gethane Sünden / wircket / das ist erlanget / vnd empfehet die Seligkeyt / vnd schaffet eine Rew / das man sich forthin für der Sünden hüte / vnd das Leben bessere. Paulus sagt nicht / das die trawrigkeyt das ewige Leben / oder vergebung der Sünden verdiene / sondern wircke zur Seligkeyt / Denn der Glaube / in solcher Geistlichen trawrigkeit / empfehet vergebung der Sünden / vnd hütet sich forthin für Sünden.

Zur bestetigung aber der Ohrenbeichte führen sie diese Sprüche / Luc. 17. Spricht Christus zum Aussetzigen / Gehet hin / vnd zeyget euch dem Priester. Dis mus den Papisten eben so viel heissen / als man mus dem Prediger alle Sünde Beichten vnd erzehlen. Aber wer vernunfft hat sihet wol / daß das nicht daraus folget. Christus wil damit

mit das Predigampt bestetigen. Denn weyl es Moises befohlen hatte / das die Priester den Auſſatz ſolten richten/ Weiſet CHRIſtus dieſe zehen Menner zum Prieſter / auff das ſie von jhnen rein erkandt werden / vnd den Prieſtern nach dem Geſetz jhr gebür geben. Was gehet aber das die Ohrenbeicht an / vnd ſonderlich die erzehlung aller Sünden? Die doch vnmüglich iſt / wie Dauid zeuget / Wer kan mercken wie offt er feilet / vorzeihe mir die verborgene feile. Auch werffen ſie vns den Spruch Jacobi für / bekenne einer dem andern ſeine Sünde / vnd Betet für einander.

Pſal. 19.

Jaco. 5.

Aber das iſt die antwort / Dieſer Spruch redet nicht von der Ohrenbeicht / die dem Prediger oder Beichtvater geſchihet / ſondern von der Brüderlichen verſühnung / davon Chriſtus Lehret. Denn ſo ein Chriſt den andern beleidigt hat / oder mit worten zu nahe geweſt iſt / ſol er ſeinen feil gegen dem Bruder bekennen / jhm ſolchs abbitten/

Mat. 18.

bitten/vnd sich mit jm wider versühnen lassen/etc.

Wir halten die Priuat Absolution aus vielen vrsachen / fürnemlich aber auff das man höre / was die Pfarkinder vom Catechismo wissen / vnd so jemandt eine Beschwerung im Gewissen hette / vnd besondere vnterrichtung bedürffte / das er solchs in der heimlichen vnterredung bey dem Prediger müge suchen: Das aber ist in keinem wege zu leiden / das man die Leuthe gezwungen hat / heimliche Sünden zu offenbarn / vnnd alle Sünden zu erzehlen / Vnd vber das ist noch am grewlichsten/ das man durch solche erzehlung der Sünden verdienen solte/vergebung der Sünden. Dawider wir bekennen/daß das Blut Jhesu Christi allein die versühnung sey aller vnser Sünden. 1. Joh. 1

Die Lesterliche Lehre von der genugthuung zu beschönigen / führen die Papisten den Spruch Pauli / So wir vns selbst richteten / so würden wir 1. Cor. 11

wir nicht gerichtet. Hierauß schliessen sie / Der Mensch müsse ihm selbst eine straffe vnd etliche Werck aufflegen/ damit er vor die begangene Sünde bezale.

Antwort / Die Pebstlichen tichten gantz einen felschlichen verstand / denn die Wort Pauli nicht geben. Paulus redet von Rechtschaffener Busse / das der Mensch / wie er kurtz zuuor geredt/ sich prüfen sol / nicht sicher noch Vnglaubig sein / sondern in Gottes furcht Leben / achtung auff seine sache haben/ vnd ohn vnterlaß Busse thun/ also würde GOTT weniger vrsach haben mit franckheyt vnd andern Plagen zu straffen. Hie wirdt keiner Satisfaction oder gnugthuung für die Sünde gedacht. Denn der Sohn Gottes Jhesus Christus das Lamb Gottes tregt die Sünde der gantzen Welt / vnd bezalet dem Gesetz Gottes für vns.

Joha. 1.

2. Ihr ander beheflff ist der Spruch Augustini/ *peccatum non dimittitur, nisi ablatum restituas*

restituatur, das ist/Die Sünde wird nicht
vergeben/es sey dann/ das man das gestolen widergebe. So mus ja die genugthuung von nöten sein.

Antwort/ Es ist ein grosser unterscheidt zwischen der widerstatung/ die
man thun kan/ unnd soll/ Laut des
Sprüchs Pauli. Wer gestolen hat/der Ephe. 2
stele nicht mehr: Unnd zwischen der
Pebstlichen genugthuung/ denn die widerstatung gehöret zu warer Rew/ das
man von Sünden lasse/ und nicht drin
verharre/ wer gestolen Gut bey sich behelt/ kan nicht rechtschaffen Busse
thun. Aber die Papistische Satisfaction/ oder genugthuung tichtet/ das
der Mensch nicht allein von Sünden
ablassen/ und auffhören sol/ sondern
auch mit besondern Wercken/ für die
gethane Sünde vor Gott bezalen/ und
sich daruon erledigen/ so doch allein das verdienst Jhesu Christi die bezalung ist für
unsere Sünde.

Von der Kirchen vnd jrer Gewalt.

1. Tim. 2.

Er feste grundt Gottes bestehet / spricht Paulus/ vnd hat diesen Siegel, Gott kennet die seinen/ Vnd im Kinder glauben bekennen wir. Ich gleube eine heylige Christliche Kirche/ die Gemeine der heyligen. Darumb ist kein zweiffel/ Gott hat alle zeit ein Völcklin auff Erden/ das jhn recht kennet vnd anrufft/ seine Heylige/ Allgemeine/ Catholische Kirche Gottes sey/ welche/ ewiger gemeinschafft mit Gott gewisse hoffnung haben.

Wer nun / vnd wo solche Kirche Gottes sey / vnd bey welchem zeichen sie zu kennen sey / Lehret der HERR

Joha. 10.
Joha. 14.

CHRISTVS mit diesen worten/ Meine Schefflin hören meine stimme/ Item/

Item / Wer mich liebet der wird mein Wort halten / vnd mein Vater wirdt jhn lieben. Aus diesen vnd dergleichen zeugnissen / ist gewis vnd offenbar / daß / wo Gottes Wort lauter vnd Rein gelehret / da sey gewißlich Gottes Kirche / Diejenigen aber / so Gottes Wort in den Schrifften der Propheten vnd Aposteln verfasset / verwerffen vnd Verfelschen / oder Verspotten / sind nicht Gottes Volck / wie herrlich sie sich mit Gottesdiensten schmücken / Laut des Spruchs. So jemandt ein anders Euangelium lehret / denn ich Paulus gelert habe / der sey Verflucht.

Gal. *

Die ware vnnd Christliche Kirche hat die gewalt vom HERRN Christo / Prediger zu erwehlen / vnd zu bestetigen / Hat auch Gewalt allerley Sünde / so wider Gottes Gebot sindt zu straffen / vnnd alle Welt zur Busse zuuermahnen / vnnd da jemandt solcher vermahnung Raum gibt / vnnd Busse thut / demselben erlesset vnd vergibt die gemeine Gottes die Sünde /

H ij Wider

Widerumb hat auch die Kirche Gewalt vom HERrn Christo der Vnbußfertigen Sünde zu binden vnd zu behalten/ vnd die Halßstarrigen durch den Bann aus der Kirchen außzuschliessen/ welche gewalt die Kirche durch Prediger/ von ihr dazu beruffen/ vnd bestetigt verrichtet. Die gewalt aber die Sünde zu lösen/ oder zu binden/ ist in dem Wort Christi gegründet/ Welchen ihr die Sünde erlasset/ den sindt sie erlassen/ Welchen ihr sie behaltet/ den sind sie behalten.

Joh. 20.

Dawider Lehret vnd richtet/ die Pebstliche Antichristische Rotte/ das der hauffe allein Gottes kirche sey/ der dem Pabst zu Rom in allem gehorsam ist/ vnd sich nach seinem Gesetz vnd satzungen im Gottesdienst richtet. Vnnd das diese Kirche an die ordentliche gewalt vnd Succession der Pebst/ Cardinel/ vnd Bischouen/ gebunden sey/ das wo die Pebst vnd Bischouen jre Jurisdiction/ vnd Gottesdienst haben/ da sey auch die Kirche vnd gemeine Gottes. Zum

Zum andern / Von der gewalt der Kirchen lehren sie / das der Pabst zu Rohm / mit allen seinen Stulerben das Häupt der Christlichen Kirchen / auff der gantzen weiten Welt sey / vnd sey die Seule der Grundfest vnd Eckstein / darauff die gantze Kirche gebawet ist.

Zum dritten Lehren sie / das der Pabst zu Rom nicht jrren noch Sündigen könne / wenn er gleich gar ein Sodomitisch Leben führete / vnnd vnzehlich viel Seelen in Abgrundt der Hellen versenckete. Denn also stoltzieret die Bestia in jhren Decreten / vnnd derwegen sey keinem Menschen erleubt / das er des Pabst lehre oder Wercke richte / auch keinem Engel im Himmel / welches alles wider Gottes außdrücklichs Wort ist / das also lautet. So jemandt ein anders Euangelium lehret / denn ich Paulus gelehrt habe / der sey Verflucht. Item / Prüfet die Geyster ob sie aus GOTT sindt.

4. Zum vierden Lehren sie / der Pabst sampt seinen Geystlichen Prelaten / sey vber die Kirche / vnd vber die Schrifft / vnnd habe macht newe Gesetz zu machen / die Schrifft seines gefallens außzulegen / newe Artickel des Glaubens zu setzen / auch newe Sacrament zu machen / die Sacramenta Christi zu verenderen / oder ab zuthun / etc. Solchs aber können sie nicht mit einem Buchstaben der heiligen Schrifft beweisen / sondern viel mehr zeugen die Apostel das widerspiel / Als Deut. am 4. Du solt nichts daruon thun / auch nichts darzu thun. Item / Luc. 9. Den solt jhr hören.

5. Zum fünfften / Das die Gaben des verstandes vnd außlegung der Schrifft / aus krafft der wahl vnd des Geystlichen hohen standes komme / vnd geerbet werde auff den Pabst zu Rom / vnd alle seine nachkommen.

6. Zum sechsten / das der Pabst macht habe / die Sünde vnnd alle straffe / ewige

ewige vnnd zeitliche / vmb Gelt durch
sein Ablas zu erlassen / vnd allein den
Schlüssel habe zum Himmelreich/mü=
ge einlassen zum ewigen Leben / wen
er wolle/ vnd außschliessen wen er wol=
le. Möge auch den Engeln gebieten/
das sie jhm gehorsam sein / vnnd die
Seelen auff sein befehl hinauff gen
Himmel führen/ vnnd das er macht
habe/nicht allein die Vnbußfertigen zu
Bannen / sondern die jhre schuldt nicht
als baldt bezalen / oder dem hellischem
Vater dem Pabst etwa zu wider sein/
vnnd nicht gehorsam leisten / nach al=
lem seinem wüntsch vnd begier: Wenn
er gleich vngöttlich ding für hat / in den
Bann zu thun/vnd alle Welt damit zu
zwingen/zu effen/vnd zu narren.

 Zum siebenden / Das der Pabst 7.
nicht allein in Geistlichen sachen vber
die Kirche zu gebieten / sondern auch
macht habe Keyser / vnd König / vnd
Fürsten / ab / vnnd auffzusetzen / vnd
das alle Welt seiner gnaden müsse le=
ben.

    H iiij Zum

8. Zum achten das der Pabst/ Cardinal/ vnd Bischouen/ vnter dem namen des Geystlichen standes/ dennoch das Predigen vnd Lehren wol mögen vnterwegen lassen/ vnd Weltliche Herrschafft/ Pracht/ vnd gewalt führen/ vnd also den befehl Christi mit Füssen treten/ da er zun Aposteln saget/ Die Könige vnd Weltliche Herren herrschen/ jhr aber nicht also.

Luc. 12.

Diese vnnd dergleichen vnzehliche Irthumen mehr/ spinnen die Pebst Esel/ wie im Jure Canonico zu sehen/ aus dem Spruch/ *Tibi dabo claues Regni cœlorum*, Dir wil ich die Schlüssel zum Himmelreich geben/ daraus sie schliessen/ Petrus habe die Schlüssel allein bekommen/ vnd weyl sie Petrus gehabt/ so müssen sie auch *ordinarie* alle Pebst haben/ vnd demnach setzen/ ordnen/ machen/ thun/ vnd gebieten was jhnen gelüstet.

Mat. 16.

Aber kurtz mag jhnen geantwortet werden/ Christus hat nicht allein Petro

tro/ sondern allen Aposteln/ vnd also allen Predigern/ vnd der gantzen Gemeine/ die Schlüssel zum Himmelreich gegeben/ wie das mit diesem Spruch zubeweisen/ Welchen jhr die Sünde erlasset/ denen sind sie erlassen. Item/ Mat. 18. Was jhr (Redet von der gantzen Gemeine) auff Erden bindet/ das sol auch im Himmel gebunden sein.

Zu dem/ die Schlüssel vermügen nicht/ das man alles gebiete/ vnnd ordnt/ auch nach seinem willen Banne. Sondern das man nach dem Gesetz vnd Euangelio die Sünd straffe/ vnd vergebe/ das Predigampt recht führe/ nach dem es Gott befohlen hat. Auch folget nicht draus/ Die Pebst haben jhren Stuel zu Rom/ da Petrus gewesen/ Ergo/ haben sie die gewalt/ die Petrus gehabt/ oder füren das ampt wie Petrus. Denn das Ampt/ vnd die Gaben sindt an keine stedt gebunden/ GOtt selbst hat zu Jerusalem gepredigt/ vnd das Ampt geführet: aber jtzt ists da voller Türcken/ vnd wie Jsaias

H ♥ sagt/

sagt / voll Igel vnnd Feldteuffel / wie
es auch jetzt zu Rom voller Teuffel / vnd Sodomiter
ist.

XIIII.

Von den Sacra-
menten.

IN der gemeine Got-
tes / haben wir nur zwey Sacramenta / die da sindt mittel / Organa
vnnd Werckzeug / durch welche Gott
seine Gnade vnd Seligkeyt fürtregt /
anbeut / wircket / vnd zueignet / welche
auch zeichen sindt / vnd Siegel der gnedigen verheischung vnd vergebung der
Sünden: Als die Christliche Tauffe /
vnd das Sacrament des Leibs vnnd
Bluts Jhesu Christi.

Die Pebstliche Römische / Antichristische Rotte aber tichtet / vnd schnitzet
sieben

ſieben Sacramenta / 1. die Tauffe/ 2. die Firmung. 3. die Ordnung vnd Weihung der Prieſter. 4. den Eheſtandt. 5. die Buſſe. 6. das Sacrament des Altars. 7. die Oelung. Dieweyl aber die Sacramenta euſſerliche Zeichen ſindt / vnd Ceremonien vom HERREN Chriſto ſelbſt im Newen Teſtament / neben der verheiſchung verordnet / dieſelbe zu Verſiegeln / ſind die Pebſtlichen leichtlich zu vberzeugen / das ihre getichte fünff Sacramenta nicht beſtehen. Denn nicht alles was recht vnnd heilig / ein Sacrament iſt. Weltliche Oberkeyt iſt auch in Gottes Wort gegründet / iſt aber kein Sacrament. Eben ſo wenig iſt auch der Eheſtandt/ Die Ordnung vnnd Beruff der Prediger / iſt in Gottes Wort beſtetigt / iſt aber kein Sacrament des Newen Teſtaments. Denn es iſt kein euſſerlich zeichen der gnaden / ſondern ein Ampt: Alſo iſt auch das Predigampt im Alten Teſtament geweſen. Die Pebſtliche Firmung / iſt nur ein Menſchenfundt:

fundt: In der Alten Kirchen / ist die Confirmatio nichts anders / denn ein Examen gewesen der Kinder / ob sie jhren Catechismum recht studirt hetten / welchs auch jetzt wol nötig were in der Kirchen: Ist aber kein Sacrament noch zeichen der Gnaden. Die Busse ist kein eusserliche Ceremonia noch zeichen der Gnaden / sondern eine innerliche wirckung Gottes im Hertzen des Menschens. Derwegen sie kein Sacrament ist. Die Papistische Oelung ist nichts / denn ein Menschentandt / voller Aberglaubens ohn Gottes Wort. Denn mit der Salbung der Krancken / von der Jacobus schreibt / vnd der Marcus gedenckt / hats viel ein andere meinung / denn mit dem bezauberten Oel der Papisten. Denn das die Aposteln die Krancken mit Oel gesalbet / vnnd Gesundt gemacht haben / war eine besondere gabe Gottes / zu der zeit den Aposteln gegeben / auff das der glantz des Euangelij / durch solche jhre wolthat, vnnd Wunderwerck desto weiter gesprenget würde / wie aber nicht alle

Jacob. 5.
Marc. 6.

alle Prediger zu Wunderthäter von GOtt gesetzt sindt/ auch nicht allen die Gaben gegeben Todten auffzuwecken/ vnd Krancken gesund zu machen / Also ist auch nicht allen Geboten die Krancken zu salben.

Wenn vnsere Papisten die Gaben von GOTT hetten die Krancken Gesund zu machen / were jhnen die Salbung wol erlaubt. Das sie aber dem Oele / darumb / das etliche Wort vber demselbigen gesprochen / besondere Geystliche krafft zu schreiben/ auch tichten/ die Salbung solte zu vergebung der Sünden dienen / Solche Zeuberey vnd Lesterung ist keines weges zu dulden. Wolte hie jemandts fürgeben/ Jacobus befehle allen Eltesten für die Krancken zu beten/ vnd sie zu Salben/ so doch die Gaben gesund zu machen/ nicht federman gegeben sindt / der sol wissen / das in Jacobi worten beydes zu verstehen ist / Nemlich die besondere Gabe/ vnnd der rechte brauch der
Artzney

Artzney / die damals bey den Eltesten gar gemein gewesen / vnnd wil Jacobus so viel sagen / für die Krancken / soll man GOTT mit fleis anruffen / Acto. 17. denn in jhm sindt / Leben / vnd weben wir.

Neben der Anruffung vnnd Gebet / sol man auch ordentliche mittel der Artzney gebrauchen / die GOTT geschaffen hat / zur erhaltung vnnd außhelffung des schwachen Lebens / als Balsam Oel / welches gantz köstlich in Judea gewachsen / vnnd andere mittel. Wer auch die Apostolische Gaben von CHRISTO hette / die Krancken Gesundt zu machen / sol mit denselben den Krancken dienen. Das aber die Salbung ein Sacrament sein sol / wirdt in der Schrifft mit keinem Wort noch Buchstaben gemeldet. Derwegen wir gar kein bedencken machen / den Irthumb von den fünff Papistischen Sacramenten zu verwerffen.

Zu

Zu zweyen Sacramenten aber/ als zur Tauffe/vnd zum Nachtmal Jhesu Christi / bekennen wir vns von Hertzen / vnd zweiffeln gar nicht/ das Gott durch dieselbige krefftiglich zur Seligkeyt des Menschens wircke.

XV.

Von der Tauffe.

Von der Tauffe gleubet vnnd bekennet die Allgemeine Catholische Kirche Jhesu Christi/ nach der Lehre Pauli vnd Petri/ das die Christliche Tauffe sey / ein Badt der Widergeburt/ vnd eine versicherung/ vnd pfandt eines guten Gewissens/ mit Gott. Denn durch die Christliche Tauffe / die da geschicht/ nach dem befehl Christi / Im Namen des Vaters/ Sohns/ vnd Heyligen Geist/ wird der Mensch

Mensch new geborn/erlange vergebung der Sünden/vnd machet einen Bundt mit Gott / das Gott wolle sein Vater sein/vnd er sein Kindt vnd Erbe sey der Ewigen Seligkeyt/ vnnd ob gleich der Mensch nach der Tauffe in Sünden fiel/vnd vom Glauben abwiche / jedoch so fern er Busse thut/ vnd widerumb an den Namen Jhesu Christi gleubet/so ist die Tauffe gleich krefftig / vnd wehret der auffgerichte Bundt in der Tauffe/ das sich der Mensch so lang er lebet/der= selben Tauffe mag vnd sol getrösten.

Weiter bekendt die Gemeine Got= tes / das man auch kleine Kindtlin solle Teuffen/ vnnd zum HERren Christo

Mat. 10. bringen/laut des befehls Christi. Lasset die Kindtlin zu mir kommen / vnd weh= ret jhnen nicht/ Denn solcher ist das Himmelreich.

Dawider Lehren die Pebstler / vnd Antichristische Rotte/vnd führen man= cherley Irthumb.

Zum

Zum Ersten/ Es müsse die Tauffe mit gesegnetem Wasser/ mit Saltz/ vnd andern Ceremonien/ auch allein in Lateinischer Sprache geschehen/ die der gemeine Mann nicht verstehet/ etc. Dauon aber ist kein Buchstab in der gantzen Bibel.

Zum andern/ Die Firmelung sey also nötig zur Tauffe/ das die Tauffe wol bringe vergebung der Sünden: Aber die Firmlung bringe mit den Heiligen Geyst: Hie wider zeuget Paulus/ Da er die Tauffe nennet ein Badt der Widergeburt/ vnd ein Ernewerung des heiligen Geyst.

Tit. 3.

Zum dritten/ Die Pebstler tichten/ Das die Kindtlin auff einen frembden Glauben/ Nemlich der Römischen Kirchen Getaufft werden. Welches wider den Spruch ist. Der Gerechte wirdt seines Glaubens leben/ vnd Christus bekennet/ Das die kleinen Kindtlin selbst gleuben. Wer einen von den aller geringsten/ die an mich gleuben ergert/ etc.

Röm. 1.

Mat. 18.

J   Zum

4. Zum vierden/ lestern die Papisten/ das durch die nachfolgende Sünden/ die Tauffe gäntz zu nichten werde/ nicht mehr nütze/ vnd müsse derwegen der Mensch/ als der Schiffbruch erlitten/ zur andern Taffeln oder Bret/ das ist zur Busse greiffen/ vnd damit seine seligkeyt verdienen.

5. Zum fünfften/ Die Pebstlichen Teuffen auch Glocken/ ohn allen befehl Gottes/ schreiben dem Tauffwasser ausserhalb der Tauffe/ ein besondere Krafft vnd Heiligkeyt zu/ die Brunnen zu segnen.

Diese grewel können die Pebstlichen mit keiner Schrifft beschönigen: Geben aber für die Kirche habe es also verordnet. Aber es heist In præceptis meis ambulate: Nach meinen Geboten solt jhr leben.

Von

XVI.

Vom Nachtmal Jhesu Christi.

Vom Sacrament des Leybs vnd Bluts Jhesu Christi/ Lehren vnd Gleuben wir in der Gemeine Gottes/ daß das Gesegnete Brot im Abendtmal nach dem befehl vñ wort Jhesu Christi gehalten/ Sey der ware wesentliche Leib Jhesu Christi/ der vor vns am Creutz gegeben ist/ vnd der Gesegnete Wein/ sey das ware wesentliche Blut Jesu Christi/ für vnsere Sünde vergossen/ vnnd werde solcher Leib vnd Blut Christi empfangen/ nicht allein von Gleubigen Christen/ sondern auch von den Gottlosen vnnd Heuchlern/ die ohne Glauben vñ Geyst das Sacrament gebrauchen: Welchs Sacrament der HERR Christus darumb hat eingesatzt/ das wir seinen Todt darbey verkündigen/ vnd vnsern Glau-

Glauben / mit diesem Pfandt stercken/ vnnd versichern sollen / wie solchs die Wort klar geben: Nemet hin / das ist mein Leib / der für euch gegeben wirdt/ solchs thut zu meinem gedechtnis.

2.Cor.11.

Der Antichrist zu Rom aber sampt seiner lesterlichen Rotten / tichtet viel grewlicher vngehewrer Irthumen in diesem Artickel.

Zum ersten / zerreisset er das Testament Jesu Christi/ vñ nimet den Leyen das Blut Jhesu Christi/ sprechend. Es sey den Leyen genug / das sie den Leib Christi empfahen: Den Priestern aber gebüre es/ beide theyl des Sacraments zu geniesen.

Zum andern tichten sie / Das Brot werde durch die Consecration verwandelt in den Leib Christi / vnd der Wein werde verwandelt in das Blut Christi / also / Das Brot vñ Wein jre Substantz vnnd wesen verlieren / vnd allein die gestalt/ farbe vnd grösse behalten ohn wesen.

Aber

Aber Paulus nennet das gesegnete Sacrament Brod. Darumb hie keine Transsubstantiatio oder Annihilatio zu Tichten ist. 1.Cor.11.

Zum dritten / Aus der Transsubstantiation sindt viel grösser Irthumen erwachsen. Denn da hat man getichtet / Wenn der Segen vbers Brot were gesprochen / so were vnd bleibe es der Leyb Christi/ob man es gleich nach dem befehl Christi / nicht hat gessen. Item/ Das man die Partickel / im Heußlin verschlossen / hat vmbgetragen / Liechter dafür angezündet/auffgehoben/vnd als den Allmechtigen Gott angeruffen/ etc. So doch kein ding ein Sacrament sein mag / ausser dem rechten brauch/ von Christo eingesetzt. So ist auch das Sacrament nicht eingesetzt / das mans anbeten/ sondern Essen vnd geniesen soll. 3.

Zum vierden/Die Pebstlichen mißbrauchen das Abendtmal Jhesu Christi/in dem das sie daraus für die Sünde ein 4.

de ein Opffer machen vnd tichten / das sie den Sohn Gottes Jesum Christum im Sacrament auffs new / dem Ewigen Vater auff opffern vor der Welt Sünde / vnd das die Opffermesse sey ex opere operato. Ein verdienst / dafür dē / der da Opffert / vnd denen die es anhören / die Sünde vergeben werde. Welches die hesslichste Gotteslesterung ist / vnd die schrecklichste Sünde / so nach der vnuersünlichen Lesterung in den heiligen Geyst meines wissens geschehen mag.

§. Zum fünfften tichten sie / das die Opffermesse nicht alleine den lebendigen / sondern auch den Todten dienen / vnd das man dadurch nicht allein verdiene vergebung der Sünden vnd Ewige Seligkeyt / Sondern auch glück vnd wolfart in Kauffmanschafft / in der Jagt / im Kriege / vnd in allerley Weltlichen hendeln / dadurch erlange.

§. Zum sechsten / Es könne niemandt Consecriren / vnd wie sie lesterlich reden /

richten / nichts darvon / auch nichts darzu thue. Darumb wer das Testament JHESV CHRISTI verendert / der ist nicht Christi Gliedmas / sondern Christi vnd seiner Kirchen höhester Feindt. Also sihet allhie der vernünfftige vnd Gottselige Leser / das die Pebstlichen mit jhren scheingründen gar vbel bestehen / vnnd sich für GOTT / vnnd allen vernünfftigen Leuten schemen müssen / das sie so freuentlich / nicht allein ohn allen befehl GOTtes / sondern auch wider Gottes außgedrucktes Wort / der Gemeine Gottes das Blut JHEsu Christi / sampt vergebung der Sünden entzogen / vnd gestolen haben. Darumb ein jeder Christ mit allen rechten befugt ist / sein Erbe von JHEsu CHRISTO / im Testament jhm bescheiden / aber von den Papisten bößlich entwandt / wider zu fodern. Vnd mercke allhie ein Gottseligs Hertz / das vnser Gewissen in Glaubens sachen / vnnd sonderlich im brauch der Sacramenten nisser kan zu
friedeñ /

frieden/vnd gewis sein / das sein thun
Gott gefalle / es habe denn Gottes be=
fehl vnnd Wort für augen / darauff
es sich verlasse / Wer aber im zweiffel/
vnd vnglauben / das Sacrament em=
pfehet / der nimpt es zu seinem Ge=
richt / vnd verdamnis / wie dann alle
Pebstlichen / so einen theyl des Sacra=
ments gebrauchen jhr verdamnis vnnd
Gericht dadurch heuffen vnnd vermeh=
ren.

Auff die Argumenta vnd leidige lo= Von der
se Behelff / damit die Pebstlichen den lesterli=
grewel/ vnd grausame Gotteslesterung che Opf=
der Opffermesse wollen erhalten vnd fermesse.
beschönigen/ist aus Gottes Wort gantz
leichtlicht zu antworten.

Denn zum ersten / führen sie zum be=
helff den Spruch Mala:1. Von auff=
gang der Sonnen bis zum Nidergang
soll mein Name herrlich werden / vnd
ein rein Speißopffer geopffert. Diesen
Spruch / mus den Papisten so viel gel=
en/ als man müsse teglich Messe hal=
ten/

ten / vnnd den Sohn Gottes opffern.
Aber darauff gehöret diese deutliche vnd
klare antwort. Die Opffer sind zweyerley/eines ist ein Sündopffer/das ander/ein Danckoper. Das Sündopffer
ist das einige Opffer des Sohns Gottes Jhesu Christi / der sein theurbares
Blut/am Creutz für vnser Sünde vergossen/vnd sich selbst dem Vater geopffert hat / dadurch wir mit Gott versühnet/vom fluch des Gesetzes erledigt/vnd
zum ewigen Leben geheiliget sindt. Dis
ist das einige Sünopffer zur bezalung
für vnser Sünde geschehen/vnd ist kein
ander Sünoper in der gantzen Welt/
wie aus den Sprüchen zubeweisen/Sihe / das ist das Lamb Gottes / welches

Joha. 1. der Welt Sünde tregt. Item/ Jhesus
1.Joh.2. Christus ist die versühnung für vnser
Sünde/nicht allein für die vnsere/ sondern für die Sünde der gantzen Welt.

Heb. 10. Item / Denn mit einem Opffer hat er
in Ewigkeyt vollendet / die geheiliget
werden. Item/Wenn er sein Leben gegeben hat zum Schuldopffer / so wirdt

Esa. 53. er Samen haben. Die andern Opffer
sind

ffer/damit wir vnsern ge-
danckbarkeyt gegen Gott
lauben beweisen/ aber in
vergebung der Sünden
d also sind alle gute werck
/ so im Glauben gesche-
inck/ vnd Geistliche Opf-
durch Jhesum Christum
. Vnd hievon redet der
gemeltem orth/ vnd helt
er die leibliche Opffer des
nenis / als Ochsen/ Kel-
)lachten/ vnd die Opffer
Testaments/ welche sind
u Gott / Danckfagung /
t Predigen/ Gott lieben/
/ etc. Vnd diesen ver-
Prophet Meleachi selbst/
erklert/ Denn mein Na-
h werden vnter den Hey-
ie Heyden werden mich er-
nbeten.

der schein oder Vngrundt   2.
icher Hoherpriester / der Heb. 5.
ischen genommen wirdt/
            K   der

der wird Gesetzt/ für die Menschen kegen Gott/ auff das er opffere Gaben/ vnnd opffer für die Sünde. Hieraus schliessen die Pebstlichen / Es müsse auch im Newen Testament/die Opffermesse/ durch die Priester geschehen für die Sünde.

Antwort: Die Epistel zun Ebreern / redet von den Hohenpriestern im alten Testament/ das die verordnet waren/zu Opffern für die Sünde/vnd das solche Hohepriester sampt jhrem opffer ein fürbild gewesen sindt/ des einigen warhafftigen Hohenpriesters Jesu Christi/vnd seines Opffers. Vnd beweiset also/ das Christus ein vollkommener/ besser/ vnd heiliger Opffer habe geopffert/ sintemal er nicht Böcke oder Lemmer / sondern sich selbst hat geopffert: Hieraus folget aber nicht/ das im newen Testament/ alle tage der leib Christi müsse geopffert werden. Denn das Alte Testament/ ist mit seinem gantzen Priesterthumb/ vnd figuren auffgehaben/ vnd
den

der Herr Chriſtus iſt der einige hohe Prieſter/ der zur rechten Gottes ſitzet/ vnnd des opffer einmal am Creutz geſchehen/ ſtets ohn vnterlas gilt vnnd krefftig iſt/ vnnd wird ſolch opffer biß zum Jüngſten tage gelten/ alſo/ daß dadurch die Sünde für Gott verſünet werde. Die opffer aber/ ſo teglich im Newen Teſtament geſchehen/ ſind die Geiſtlichen opffer/ als bitten/ Dancken/ Gott fürchten vnd lieben/ ſeinen Namen bekennen/ vnnd alles gedüldig im Glauben leiden/ Dauon ſagt Dauid/ *Sacrificate ſacrificia iuſtitiæ, & ſperate in domino* Opffert die Opffer der Ge‐ rechtigkeit/ vnnd hoffet auff den Herren. pſal. 4.

Der dritte behelff iſt/ Chriſtus ſpricht/ Das thut zu meinem gedechtnis. Hierauß ſchlieſſen die Pebſtlichen/ Chriſtus habe befohlen/ ſeinen leib zu opffern/ zum gedechtnis/ ſeines opffers am Creutz geſchehen.

Antwort: Chriſtus redet vom Abentmal/ aber von keiner opffermeſse/ vnd wil das wir seinen Leib essen/ vnd sein Blut trincken sollen/ zu seiner gedechtnis/ das wir seinen Todt dabey verkündigen/ vnd vns sein trösten/ vnd mit diesem pfandt vnsern Glauben stercken sollen. Das nun die Pebstlichen hierzu setzen/ Man müsse also des leidens Christi gedechtnis halten/ das man den Sohn Gottes selbs widerumb auffs new im Sacrament opffere/ hat vberal keinen grund in der Schrifft/ vnd ist eine ertichte Gottslesterung/ vnd verdampte grewel.

Der vierde Vngrundt ist/ Das leiden Jhesu Christi kan niemandt nütz sein/ es werde denn einem jeden in sonderheit adplicirt vnd zu geeignet. Nun ist die Meß nichts anders/ denn eine zueigung vnd adplicirung des verdiensts Christi. Darumb ists auch nötig/ das man die Opffermesse in der Kirchen behalte.

Antwort: Wo stehets geschrieben/ das wir durch die Messe die wolthaten
Christi

Christi vns sollen zu eigen machen? Da ist kein Buchstab in der Schrifft / der das lehret. Die zueigung vnd annemung aber / aller wolthaten Christi/ mus durch den Glauben geschehen/laut des Spruchs / Iustus fide sua viuet, Der Gerechte wirdt seines Glaubens leben. Item/ Wer an den Sohn gleubet / der hat das ewige Leben.

Habacuck 2. Röm. 1. Joha. 3.

Also ists offenbar / das die Vermaledeyte Gottslesterische Opffermesse der Pebstler / darin sie den Sohn Gottes auffs new Creutzigen / verfluchen vnd tödten wollen / keinen grund in der Schrifft hat.

XVII.
Vom Gebet vnd warer Anruffung Gottes.

Vom Gebet / Lehret die Gemeine Gottes / das man den waren/einigen/Allmechtigē Gott/ den Vater vnsers HErren Jesu Christi / sampt dem Eingebornen Sohn Gottes

Gottes Jhesu Christo vnserm Heilandt/ vnnd mitler/ vnnd mit dem H. Geist allein sol anbeten/ vnd sonst keine Creatur/ wider im Himmel noch auff erden/ vnd daß das Gebet nicht ein werck sey/ damit wir vergebung der Sünden verdienen/ sondern Gott allein vmb Christi fürbit willen gefalle/ Das man auch alles im glauben/ vnnd im Namen des Mitlers Jhesu Christi solle bitten. Welche lehre auff diesem grunde ruhet. Du solt Gott deinen Herren anruffen/ vnd jm Alleine dienen. Item/ Warlich/ warlich ich sage euch/ was jhr den Vater bitten werdet in meinem Namen/ das wirdt er euch geben.

Mat. 4.
Joh. 16.

Hiewider jrret/ vnd lestert/ die verdampte/ Pebstliche Römische Rotte. Man solle nicht allein Gott anbeten/ Sondern auch verstorbene Menschē/ als Mariam/ Petrum/ Paulum/ Annam/ vnnd sol von jhnen bitten/ gesundheit/ Glück/ ewige Seligkeit/ vnnd alles/ das wir Menschen bedürffen.

Zum andern/ Die Pebstliche Synagoga

goga betet nicht allein im Namen Jesu Christi / des einigen mitlers/ sondern tichtet viel mitler / vnnd fürbitter / als Mariam / Petrum / Paulum / Johannem / vnnd wollen durch der heiligen fürbit bey Gott erhörung vnnd gnade erlangen.

Zum dritten / ohn allen grund der schrifft tichten sie / das besondere heiligen / in besondern nöten können helffen / als Anna mache die Leute reich / Catharina helffe zum verstand / Gregorius helffe im Krieg / Nicolaus auff Wasser / Otilia wisse rath zun Augen / etc. Vnnd das jhm ein jeder Mensch einen eigen heiligen zum vorbitter möge erwehlen.

Zum vierden / der Pabst / sampt seinen Bischoffen vnd Mönchen / tichten mancherley heiligen / welche sie gebieten anzubeten / von welchen niemand gewis sein kan / ob sie im Himmel / oder im hellischen fewr sindt / oder ob sie auch jemals gelebt haben.

K iiij　　Zum

5. Zum fünfften/ Die Pebstliche Rotte ehret vnd betet an/nach grober Heidnischer weise / die Steinern/ Hölzern/ Todte/ Stumme/ vnd Krumme/ Blinde/ Taube/ Götzen vnd Klötzen/ vnd suchet bey jnen hülffe/ Schreibt jnen Mirackel vnd Wunderwerck zu/ kniet für sie nider/ tregt sie vmb/ als besonder Heiligthumb/ vnd setzt die Stumme Götzen an stadt des Lebendigen Gottes in der anruffung. Dawider der Prophet Esaias am 44. Capitel/ vnd Dauid/ Psalm. 115. gantz deutlich vnd ernstlich predigen.

6. Zum sechsten/ Die Pebstlichen tichten/ das der Mensch viel Ablas damit verdiene/ wenn er viel plauderns vnd plappern mit dem Munde machet/ viel Psalmen/ Pater noster/ Aue Maria/ Betet/ wens gleich ohn andacht geschicht/ wie die Mönchen jhre Horas/ vnd die Nonnen den Psalter lesen/ vnd das solch Lören vnd Blerren darzu diene/ die Seele aus dem Fegfewer zu retten/ welches alles wider die Helle/ klare
sprüche

ſprüche der Schrifft iſt / vergebens die/ nen ſie mir / weyl ſie ſolche Lehre leren / die nichts ſind / denn Menſchen Gebot. Mat. ij.
Item / Was nicht aus Glauben geſchi/ Rom. 14.
het / das iſt Sünde. Item / Wenn jhr Mat. 6.
Betet / ſolt jhr nicht viel wort machen / wie die Heyden thun.

Vnd dieſe Gottesleſterung vnnd grewel zu ſchmücke̊ brauchen die Pebſt/ lichen / erſtlich den Spruch zur Schutz/ Joh. 2. 12.
rede. So mir jemandt dienet / den wirdt mein Vater im Himmel ehren / So nun Gott ſelbſt ſeine heiligen ehret / wie viel mehr ſollen wir Menſchen ſie ehren.

Antwort / Das man die Heiligen ehre / als die Gottesdiener / iſt billich vñ recht. Aber nicht anbeten / Denn die Math. 4.
Anbetung gehört Gott alleine. Die Heiligen / als Propheten vnd Apoſteln ſol man alſo ehren / das man jhren tre/ wen dienſt am Euangelio erkenne / ſie auch lobe vnd rhüme / jhren Fuſtapffen nachfolge / vnd bey jhrer Lehre bleibe.

K v   Wer

Wer sie aber anbetet / der schendet/ schmehet/ hönet vnd lestert die Heiligen auffs eusserste / denn er machet Grewel aus jnen. Zum andern/ ziehen die Pebstliche den Spruch im Job an. 42. Gehet zu meinem Knechte Job/ der sol für euch Brandtopffer opffern/ vnd last jhn für euch bitten. Hieraus schliessen sie/ Man solle die Heiligen anbeten/ das sie für vns die Fürbit thun.

Antwort. Der Spruch im Job zeuget/ das die Gottfürchtigen für andere/ die Gottes zorn verdient haben mügen bitten / vnnd solchs leugnen wir nicht. Denn im Johanne stehet/ So jemandt seinen Bruder sihet Sündigen / nicht zum Tode/ der mag bitten. Vnd bittet doch die Kirche teglich für allerley not/ auch für die vngleubigen / das sie Gott bekeren vnd erleuchten wolle. Aber daraus folget nicht/ das wir die Todten heiligen anruffen / vnd sie zum Mitler setzen mügen. Denn die Anruffung/ ist die Ehre/ die Gott allein gebüret. Vnd soll auch niemandt angeruffen werden/ er sey er sey denn Allmechtig/das er aus allen nöthen helffen könne. Zu dem hats viel ein ander gestalt mit den Heiligen/die noch im Leben sindt/vnd zwischen den Heiligen die verstorben sindt. Denn ob denen vnsere gelegenheyt bewust/ob sie für vns Beten/was sie machen/vnd wie sie ruhen/ist in Gottes Wort nicht außgedruckt/das die Heiligen so aufferwecket/vnd mit Christo verklert sind / für die Seligkeyt/der Kirchen bitten/geben wir gern nach/aber daraus folget nicht/ das wir sie widerumb zu Helffer vnnd Mitler anbeten mügen. Denn sie Beten für vns als Mitknechte / wie ein Bruder für den andern/ vnd sindt nicht vnser Gott oder Schöpffer / auch nicht vnser Mitler. Derwegen sol ein Christ sich für der Lesterlichen anruffung der Heiligen hüten/ vnd stets den Spruch im Gesicht/ vnd im Hertzen haben/Du Mat. 4. solt Gott deinen HErren anbeten/ vnd jhm allein dienen. Item / Ruff mich an Psal. 50. in zeit der noth/so wil ich dich erretten/ vnd du solt mich preisen.

Von

XVIII.

Võ den Leiblichen Christ-
lichen Stenden / Als von Weltlicher Oberkeyt / vnd Heili-
gem Ehestandt.

DJE Gemeine Jhesu Christi bekennet vnd lehret / das nicht allein der Geistliche Standt der Prediger / Sonder auch die leiblichen Stende / als Weltlicher Oberkeyt / vnd der Ehestandt Heilig / vnd selig sind / als die von Gott selbst gestifftet / verord-net / vnd mit seinem Wort geheiliget sind. Denn von Weltlicher Oberkeyt / zeuget also der Apostel Paulus / Jeder-man sey vnterthan der Oberkeyt / die gewalt vber jn hat. Denn es ist kein Oberkeit / ohn von Gott / wo aber O-berkeit ist / die ist von Gott geordnet. Item / Die Oberkeit ist Gottes diene-rin / eine Racherin zur straffe vber den der böses thut. Item / Gott stehet vnter

Rom. 13.

Psal. 82.

der

der gemeine Gottes/vnd ist Richter vnter den Göttern. Item / Sehet zu was 2. Chr.19.
jhr thut/denn jhr haltet das Gericht
nicht den Menschen / sondern Gotte
dem HErren / vnnd er ist mit euch im
Gerichte. Aus welchem klerlichen er-
scheint/das der Standt der weltlichen
Oberkeyt ein heiliger vnd Gott ange-
nemer stand vnnd dienst sein müsse.
Gleichsfals zeuget die Schrifft vom
heiligen Ehestandt. Denn Moyses
schreibt Gott sprach / Es ist nicht gut/ Gene.2.
das der Mensch alleine sey / ich wil jhm
ein Gehülffen machen. Item / Was Mat.19.
Gott zusamen füget / sol kein Mensch
nicht scheiden. Vnd diesen Heiligen
vnd Göttlichen Ehestandt / hat Gott
nicht allein den Leyen/oder Weltlichen/
sondern auch den Geistliche Personen/
vnd allen die dazu tüchtig sind/ verord-
net/vnd frey gelassen. Darumb die Prediger so sich in heiligen Ehestandt bege-
ben/recht vnd wol thun / vnnd können
Gott mit gutem Gewissen anruffen/
Paulus spricht / Ein Bischoff das ist/
ein Seelsorger/ oder Prediger sol eines 1.Tim.3.
Weibes Mann sein. Wider

1. Wider diese Heilsame vnd in Gottes Wortt gegründte Lehre/lestert vnd tichtet die Antichristische rotte/ Das die Weltliche Oberkeyt vnnd Ehestandt/ fleischliche Stende sein sollen/ in welchen ein Christ mit gutem gewissen nicht wol leben könne/vnd darin man schwerlich müge Selig werden. Aus vnnd nach welchem lesterlichen Irthumb die Pebstler vñ Mönchen vielen gerathen/ die Weltliche Regierung vnd den Ehestandt zu fliehen/ Oder auch/ Wenn sie gleich von Gott darzu beruffen waren/ zuuerlassen/auff das sie ein friedsam gewissen/ vnnd die Seligkeyt erwerben möchten. Welchem heilosen/ vnchristlichen rath/viel könnige / vnd dapffere Gelehrte Menner/als Lotharius, Cassiodorus vnd andere gefolget.

2. Zum andern/Haben die Pebst ohn Gottes befehl vnd Wort dis Gesetz gemacht/ das kein Priester oder Prediger/ der zum Geistlichen Ampt der Kirchen beruffen ist/möge freyē/ oder nach Gottes ordnung Ehelich werden.

Die

Das Tyrannisch vnd Vngöttlich
Gesetz/damit die Pebstlichen verbieten/
den Priestern Ehelich zu werden/ wel­
ches Paulus ein Brantmal des Gewis­ 1.Tim.4
sens vnd Teuffels Lehre nennet/ beschö­
nigen die Pebstlichen also. Ihr erster 1.Cor.7.
Vngrund ist. Paulus vermahnet die
Eheleut/ das sie sich eine zeitlang ent­
halten sollen / auff das sie zum Fasten
vnd Beten muse haben. Nun sollen die
Priester stets ohn vnterlas zum Gebet
geschickt sein/vnd darin verharren. Da­
rumb müssen die Priester sich gentzli­
chen vom Ehestand enthalten.

Antwort: Nicht allein die Prie­ 1.Thess.4
ster / sondern alle gleubigen / sollen ohn
vnterlas Beten/vnd Gott dancken/vnd
gleichwol sagt Paulus / kompt wider 1.Cor.7.
zusammen/ auff das euch der Satha­
nas nicht versuche/ vmb ewer vnkeusch­
heit willen. So nun Paulus den andern
Christen/ so auch ohn vnterlas Beten
sollen/ den brauch des Ehestandts zu
lest / auff das sie nicht in vnkeuscheit
fallen/ so mus auch den Priestern der
Ehestand

Ehestand nicht verboten sein / ob sie gleich ohn vnterlas Beten sollen. Aber die Papisten verstehen nicht was beten heisset. Denn sie meinen das jhr Plerren vnd Psaltermurmelen sey beten / So doch die Schrifft lehret / das man im Geist, vnd nicht mit vielen vnnützen worten Gott solle anruffen. Also Betet ein Christ auch / wenn er sein Handwerck treibet / Pflüget / vnd Seet / Denn sein Hertz wartet Gottes segen. Aber zun Corinthern / redet Paulus von dem sünderlichen Gebet / da man sich mit besonderm fleis vnnd ernst / in anligender noth zu schicken soll / etwas fewriger vnd Emsiger zu beten / welchs nicht alle stunde geschehen kan.

2. Ihr ander Vngrundt ist / Die Priester im Alten Testament / haben sich
Exod. 19. von jhren Weibern enthalten müssen / wenn sie Opfferten / vnnd den Gottesdienst verrichteten. Nun mus man teglich den Gottesdienst im newe Testament leisten / Darumb müssen die Priester gentzlich des Ehestandts müssig geben. Ant-

Antwort: Das Gesetz Moysis verbeut nicht den Ehestandt/wie die Pebstlichen Räthe/Sondern gebeut/das sich die Priester von den Weibern enthalten/wenn jhre zeit ist/zu Opffern/oder zu reuchern. Denn dazu waren sie nicht teglich verbunden. Wil man sich nu nach dem Gesetz Moisis richtē/ so mus man den Priestern den Ehestandt zu lassen/wie Moysis Gesetz ausdrücklich zuleſt/Das auch die Priester im Newen Testament teglich sollen Opffern/für der Gemeine/ist nirgendt Gebotten. Denn die Geistlichen Opffer/dauon Melachi sagt/als Anruffung / Danckſagung/ furcht Gottes/können wol von denen/ so im Ehestandt leben/geschehen/vnd sollen auch nicht allein von Priestern/sondern von allen Christen geschehen/ wie dann der Patriarch Jocob ernstlich / vnd teglich Betet/ ob er gleich viel Kinder zeuget/ Vnd betet mancher Haußuater ernstlich vnd fleissiger im Geist/Denn die vnkeuschen Pfaffen. Zu dem weil die Policey Moysis vngestossen ist/ gehet

L vns

vns sein gantzes Gesetz oder al nicht
an.

XIX.

Von Kirchen Ordnun-
gen vnnd Menschen Satz-
ungen.

DJe Allgemeine Ca-
tholische Kirche Jhesu Christi
bekennet/ vnd lehret/ das den
Gottseligen Pfarhern/ sampt der Gemeine wol erleubt sey von Gott/ zeit
vnnd stunde zur Predigt vnd Commu-
nion zu ordnen/ vnd wen die Gemeine
Gottes zu samme komen soll. Auch fei-
ne nützliche Christliche Ordnungen
der Ceremonien vnnd Geseng zu
machen/ zur auffbawung/ vnd wol-
stande der Kirchen dienstlich/ krafft
des spruchs/ Lasset es alles ehrlich vnd
1 Cor. 14. ordentlich vnter euch zugehen.

Darn-

Darneben aber bekennet / vnd leh=
ret auch die gemeine Gottes / das we=
der Bischouen / Pharherrn /. noch eini=
gem Menschen auff erden erleubt sey /
aus eignem gutdüncken / ohn Gottes
wort / newe Gottesdienst zu stifften /
vnnd satzungen zu machen / die gewissen
der Christen zu beschweren. Denn sol=
chs hat Gott ausdrücklich verbotten /
als do Christus spricht / Vergebes die= Math. 15
nen sie mir / dieweil sie solche lehre leh=
ren / die nichts denn Menschen Gebot
sind. Item / Paulus / So jr denn nu ab= Colos. 2
gestorben seid / mit Christo den Satz=
ungen der Welt / was lasset ihr euch
denn fangen mit satzungen / als lebtet
jr noch in der Welt (die da sagen) Du
solt das nicht angreiffen / Du solt das
nicht kosten / Du solt das nicht anrü=
ren / welchs sich doch alles vnterhan=
den verzehret / vnnd ist Menschen Ge=
bot vñ Lehre / welche haben einen schein
der weißheit / durch selb erwehlete Geist=
ligkeit vnd demut / vnnd dadurch / das sie
des leibs nicht verschonen / vñ dem fleisch
nicht seine ehre thun zu seiner notdurfft.

L ij   Hie=

1. Hiewider tichten die Pebstlichen Romanisten. Es sey dem Menschen erleubt/das er wol müge Gottesdienst ertichten vnd erwehlen / beweisens aber nicht mit der Schrifft.

2. Zum andern tichten sie/Daß das vnkeusch vnrein Klosterleben der Tauffe gleich sey / welchs eine grausame Lesterung ist.

3. Zum dritten / Das die Mönchen vnd Nunnen durchs Closterleben/ vergebung der Sünden/ Gerechtigkeyt/ vnd Ewigs Leben verdienen / welchs da wider das verdienst Jhesu Christi ist / Auch tichten sie / das der Mensch durchs Closterleben für Gott gerechter vnd frommer sey/denn da einer in weltlicher Regierung oder im Ehestande lebet. Item/Das jhr Closterleben/weil sie willig armut / keuscheit vnd gehorsam geloben / vnd also nicht allein die Gesetz/sondern auch die Euangelische Räthe halten sein solle/ein Standt der volkommenheyt / vnd der mehr verdiene/

ne / denn Gott vom Menschen könne fodern.

Zum vierden lehren / das welcher Münch oder Nonne einmal gelobet habe nicht Ehelich zu werden / der / oder dieselbe könne nicht Selig werden / wo sie sich in den Ehestandt begeben. 4.

Zum fünfften / Auch lestern die tolle Mönche / das das Closterleben aller ding die Kappe so heilig mach / das da ein grober Sünder in der Kappen begraben würde / werde er dadurch Selig. 5.

Zum sechsten / Der Antichrist zu Rom / sampt seinen Bischouen tichten / das die Menschen satzungen auch nötig sindt zur Seligkeit / als das man auff den Freitag vnd Sonabent nicht müsse Fleisch essen. Vnd wer solche vnterschied der Speise / die doch Paulus als eine Teufels Lehre verdampt / nicht helt / nicht müge selig werden. 6.

1. Tim.

Zum sieben / Die Pebstliche Rotte

te gibt für / das man durch gewisse zal
der gebetlin / durch fasten / oder walt-
fart lauffen / vom Bischoff / Pfarherrn
oder Beichtvatter aufferlegt / besondern Ablaß / vnd verzeihung der Sünden erlange.

Zum achten/ Die tolle trunckene rotte der Papisten trewmet/vnd geiffert/es
sey den Bischouen erleubt Weihwasser
zu machen / Glocken zu teuffen / Lie-
chter/ Saltz/ Oel/ Palmen zu segnen/
vnnd zubeschweren / welche Element
hernach dienen müsten zur gesundt-
heit / zur ablegung der Sünden/ vnd
wirckung zur Seligkeit.

In Summa/ Es sind die Menschen
satzungen in dem Antichristischē teufli-
schem Pabsthumb nicht leicht zu erzehlen / Sindt aber alle gantz leicht zu
widerlegen / Denn wen der eine spruch
Math. 15 Christi ans liecht kompt/ Vergebens
dienen sie mir/ weil sie solche Gebot
Lehren / die nichts den Menschen
Gebot sindt/ verschwinden sie alle
zugleich

zugleich / gleich als wenn ſie ein Fewr verzehrt hette. Darumb wollen wir vns auch hie nicht viel bemühen jhren Geiffer vnd Geſchwetz zu Confutirn. Auff ein Argument aber / welches jnen faſt gemein vnd breuchlich / jhr heillos Cloſterleben damit zu beſtreichen / wollen wir kürtzlich noch antworten. Pſal. 76. Gelobet vnd haltet dem Herren ewerm Gott. Dis mus den Papiſten ſo viel gelten / als gelobet Münche vnd Nonnen zu werden / vnd wer ſolche gelübde bricht / mag nicht Selig werden. Item / Pſal. 50. Opffer Gott danck vnnd bezale Gott deine gelübde / vnd alle ſprüche ſo im Moyſe vnd Pſalmen ſtehen / vnd von gelübden reden / ziehen ſie auff die Cloſter gelübde.

Antwort: Wenn die Schrifft der gelübden gedenckt / vnnd die ſteiff fordert / redet ſie von den gelübden / die mit Gottes wortt obereinſtimmen / vnd die dem Menſchen zu halten müglich ſein. Als Pſal. 50. Deutet der Geiſt Gottes ſelbſt / von welchen gelübden

L iiij Gott

Gott redet/ nemlich von der Dancksagung vnd vom Gebet. Rufft mich an in der noth/ so wil ich dich erretten/ so solten mich Preisen/ das sind die rechte Gelübde/ die man thun/ vnnd halten sol/ man wolle Gott gehorsam sein/ die sünde meiden/ Gott für seine wolthat dancken. Item/ Man wolle Kirchen vnd Schulen fürdern/ wie Jacob vnd Dauid gelobt haben. Diese gelübde stimmen mit Gottes Wort vber ein. Also die willigen Opffer im Alten Testament stimmen mit Gottes wort. Aber das einer die Ehre verschweret/ vnnd keuschheit gelobet/ die nicht in seiner gewalt stehet/ sondern Gottes Gabe ist/ wie Christus sagt/ Matth. 19. Jederman fasset dis wort nicht/ das stimmet nicht mit Gottes wort/ sondern ist demselben stracks zu wider/ das man aus dem vnsaubern Closterleben ein verdienst der Seligkeit machen wil/ widerlegt Paulus/ Aus gnaden seid
ihr Selig worden/ nicht
aus den wer-
cken.

Von

XX.

Von Aufferstehung
der Todten zum andern
Leben.

DEr Sohn Gottes zeuget außdrücklich/ das alle Menschen am Jüngsten tage auffstehen werden/ Etliche zum Gericht vnd verdamnis? Etliche zum ewigen Leben/ denn also lauten seine wort/ War-lich/ warlich ich sage euch/ Es kompt die stunde/ vnd ist schon jetzt/ das die Todten die Stimme des Sohns Gottes hören werden/ vnd die sie hören werden/ vnd die sie hören werden/ die werden leben. Item/ Es kompt die stunde/ in welcher alle die in den Greben sind werden seine Stimme hören/ vnd werden herfür gehen/ die da guts gethan haben/ zur Aufferstehuug des Lebens/ die aber vbels gethan haben/ zur

Joha. 5.

L v Auff-

Aufferstehung des Gerichts. Aus vnd nach diesen worten gleubet vnnd bekennet die Gemeine Gottes/ das alle Todten wider Aufferstehen/ vnnd mit jhren Leiben herfür kommen werden/ vnnd das alle Vngleubigen/ vnd Gottlosen zur ewigen Verdamnis werden gestürtzt werden. Die Gleubigen aber von Christo dem Sohn GOTTES/ der in den Wolcken erscheinen wirdt/ sollen auffgenommen werden zur Ewigen freude vnd Herrligkeyt. Die Pebstlichen wollen dafür gehalten sein/ als die diesen Artickel bleiben lassen. Doch tichten sie das Ewige Leben widerfahre niemandt/ denn denen/ die es mit jhrem heiligen Leben erworben/ vnd verdient haben/ welcher Irthumb im Artickel von der Rechtfertigung gnugsam widerlegt ist. So bekennet auch Paulus/ daß das Ewige Leben ein lauter geschenckte gabe Gottes sey/ Roma. am 6. Auch die stinckende Lügen vom ertichten Fegfewr sind wider die Lehre vom Ewigen Leben. Denn die Schrifft zeuget/ das wer einmahl an den orth

der

der Verdamnis gerecht/der müsse ewiglich drinnen bleiben/als Marci am 9. Es ist dir besser/das du Lam zum Ewigen Leben eingehest/denn das du zwen Füsse habest/vnd werdest in die Helle geworffen/in das ewige Fewr/da jhr Wurm nicht stirbet/vnd jhr Fewr nicht verleschet. Wie dann auch das Papistisch Fegfewr lengst vom heiligen Cypriano ist außgegossen/da er also schreibet. *Quando isthinc excessum fuerit: Nullus iam locus pœnitentiæ est: Nullus satisfactionis effectus. Hic vita aut amittitur, aut tenetur.* Wenn man von hinnen gescheiden ist/so hat die Busse nicht mehr stadt/vnd gilt keine gnugthuung. Alhie in diesem Leben/wirdt die Seligkeit entweder verloren/oder behalten.

Bey dieser kurtzen Anleitung/die zum anfang die Christen berichten kan/welche grewel vnd Jrthumen der Papisten zu fliehen sindt. Vnd zu welcher heilsamer Lehr vnd bekentnis ein frommes Hertz/so bißher im Finsternis vnd schatten des Todes vnter den lesters lesterlichen Papisten gesessen ist/sich bekennen vnd halten sol/wil ichs auff dismal beruhen lassen/ Denn ich mir jetzundt nicht fürgenommen das Garn gar auff dem bodem herzuziehen/ vnnd alle grewel/Irthumen/Lügen/ vnd Lesterungen des Pabsthumbs zu vermelden/deren dann etzlich Tausent köndten angezeigt/ vnd mit Gottes Wort widerlagt werden.

Alhie aber in dieser Anleitung sihet ein angehender Schüler Christi klar genug für augen/ welche Hochwichtige notdringende vrsachen vns vnd einen jeden Christen/ dem seine Seligkeyt lieb ist/ zwingen das wir vns von den verdampten Papisten vnnd Rotte des Antichrists müssen absondern. Man sehe nur an die grausame Lesterung vnd verführung im Artickel von der Rechtrechtfertigung/ vnd von der Busse/ so wirdt man baldt gewar werden/wie niemandt der es noch mit Papisten helt kan/oder mag Selig werden. Viel mehr sindt die Götzendiener zu flihen/ weil

weil sie schier alle Artickel des Glaubens haben verfelscht/wie in diesem kurtzen Büchlin zu sehen ist.

Der ewige vnd eingeborne Sohn Gottes Jesus Christus wolle durch den Geist seines Mundes das Teufflisch Reich des Antichrists zu Rom vertilgen vnd zu nichte machen. Dagegen aber seine liebe kirche vnd Spons/ durch sein heiligs wort erleuchten vnd regieren/ auff das sie den gnedigen vnd heiligen willen Gottes erkenne/ Christi Jhesu wolthaten verstehe/ an jhn fest gleube/ vnd durch sein Blut/ erlange/ vergebung der Sünden/den heiligen Geist/ ewige freudt vnd herrligkeit/
Amen.

Gedruckt zu Mülhausen/ durch Jorg Hantzschens Erben/in verlegung Otto von Rißwick.